喻小电历险记

Popularization of science

名师领衔科普
——走进华科大电气

主　编　陈雪紫　石子倩　董蛟龙
副主编　黄屹坚　周竞辰　朱　强

U0422188

华中科技大学出版社
http://press.hust.edu.cn
中国·武汉

图书在版编目（CIP）数据

名师领衔科普：走进华科大电气 / 陈雪紫，石子倩，董蛟龙主编. -- 武汉：华中科技大学出版社，2024.9. -- ISBN 978-7-5772-1263-0

Ⅰ. G649.286.31

中国国家版本馆CIP数据核字第2024DL4681号

名师领衔科普——走进华科大电气　　　　　　　　　　　　　陈雪紫　石子倩　董蛟龙　主编
Mingshi Lingxian Kepu——Zoujin Huakeda Dianqi

策划编辑：杜　雄　汪　粲

责任编辑：王雪霏

装帧设计：廖亚萍

责任监印：周治超

出版发行：华中科技大学出版社（中国·武汉）　　电话：（027）81321913
　　　　　武汉市东湖新技术开发区华工科技园　　邮编：430223

录　　排：华中科技大学出版社美编室

印　　刷：湖北金港彩印有限公司

开　　本：710mm×1000mm　1/16

印　　张：7.25

字　　数：80千字

版　　次：2024年9月第1版第1次印刷

定　　价：32.80元

本书若有印装质量问题，请向出版社营销中心调换

全国免费服务热线：400-6679-118　　竭诚为您服务

版权所有　侵权必究

《名师领衔科普 —— 走进华科大电气》
编写委员会

名誉主编： 樊明武

总 主 编： 张 明　胡家兵

主　　编： 陈雪紫　石子倩　董蛟龙

副 主 编： 黄屹坚　周竞辰　朱 强

参　编：

朱健睿（电气与电子工程学院）

张　雅（电气与电子工程学院）

陆玥心（电气与电子工程学院）

叶小可（电气与电子工程学院）

饶嘉雯（电气与电子工程学院）

孙天莉（电气与电子工程学院）

徐　倩（机械科学与工程学院）

陈雨楠（电气与电子工程学院）

王奕宁（电气与电子工程学院）

邹　毅（电气与电子工程学院）

王佳旭（电气与电子工程学院）

许文立（电气与电子工程学院）

李　毅（电气与电子工程学院）

雷浩楠（电气与电子工程学院）

张家琦（电气与电子工程学院）

晋凡舒（电气与电子工程学院）

张　孟（电气与电子工程学院）

特别鸣谢

文劲宇　杨勇　秦斌　孔武斌　方家琨　刘毅　吕以亮

罗珺　李大伟　李达义　彭小圣　姚伟　刘自程　陈宇

袁召　李震彪　徐颖　熊紫兰　夏冬辉　丁永华　李冬

陈德智　曹全梁　肖后秀　吴葛　尹仕　朱瑞东　李群

蒙丽　朱秋华　陈菲　杜桂焕　陈小炎

（以及所有对本书出版做过贡献的人）

序 1

习近平总书记高度重视科学普及工作,多次强调"科技创新、科学普及是实现创新发展的两翼,要把科学普及放在与科技创新同等重要的位置"。华中科技大学电气与电子工程学院(简称电气学院)作为国内电气工程学科领域的佼佼者,始终站在科技前沿,不仅致力于追求科研与教学的卓越成就,更积极践行习近平总书记关于"加强国家科普能力建设"的重要讲话精神,将科学普及与科技创新并举,共同助力学院发展。

当今时代,科学普及与科技创新前所未有地紧密联系在一起,一个国家的创新水平越来越依赖于全体劳动者科学素质的普遍提高。《名师领衔科普——走进华科大电气》以华科大电气这一名片为载体,既能带动中小学生学习电磁学基础知识,了解前沿科研实例,又能提高中小学生的科学素养,勉励中小学生树立"科技创新、强国有我"的志向。

本书以通俗易懂的语言,深入浅出地介绍了电磁学的基本原理、前沿科研成果以及电气技术在日常生活中的应用。它不仅包含了丰富的科学知识，更融入了趣味性和互动性，九位"教授"的言传身教让青少年在轻松愉快的阅读中感受到科学的魅力，寓教于乐，激发他们对科技创新的兴趣和热情。在内容编排上，本书通过生动的插图、有趣的案例、曲折的情节，激发读者的好奇心和探索欲望。同时，书中还设置了问题解答、知识拓展等栏目，方便读者深入思考和自主学习。

未来，通过科普读物的推广和传播，华科大电气不仅能为广大青少年提供一个了解电气学科、提升科学素质的窗口，更为培养科技创新人才奠定了坚实基础。同时，通过科普活动，华科大电气将科学精神和电气文化传递给更多的人，力求推动整个社会创新发展。

新时代的现代化进程需要更高的公民科学素质、更崇尚创新的社会氛围、更深厚的科技文明程度。华科大电气以高质量科普助推高水平科技自立自强，号召广大中小学生心怀"国之大者"，投身强国建设，在新一轮科技革命和产业变革中挺膺担当，在学科的交叉融合中谱写"电气化+"的时代华章！

序 2

习近平总书记指出:"好奇心是人的天性,对科学兴趣的引导和培养要从娃娃抓起,使他们更多了解科学知识,掌握科学方法,形成一大批具备科学家潜质的青少年群体。"青少年作为我国科技发展的后备军,需要全社会重视对其的科学教育,加强科普宣传。华中科技大学历来重视科学普及教育,积极承担社会责任,面向广大中小学生开展多个高质量科普活动,聚力打造多个科普品牌,将自身科技硬实力转化为科普软实力,力求引领广大青少年走上科技创新的道路。

华中科技大学电气与电子工程学院立足"立德树人"的根本任务,依托学院卓越的科研人才队伍和高水平的科普团队,打造了诸如"科普进校园""科普进社区"等多个科普教育品牌,积累了大量科普教育工作经验。为进一步扩展科普受众,提升科普效果,电气与电子工程学院结合学科特色,深度挖掘"五系三所一中心"的科普资源,邀请院士领衔编写科普书籍,推出了《名师领衔科普——走进华科大电气》这本面向小学中高年级学生的电气领域科普读物。

该读物将科普与小说结合,将科学知识融入生动有趣的故事当中,把电气学院的"五系三所一中心"构建为九颗各具特色的星球,星球上形态各异的科技产品象征了各系所的研究方向。在阅读的过程中，我们不仅可以跟随主人公喻小电穿梭在不同的星球中经历不一样的旅途，更能在旅途中学习丰富的基本电磁学知识。本读物深刻领会"寓教于乐"的精神内涵，语言简单生动又不失科学严谨，非常适合小学中高年级同学阅读。《名师领衔科普——走进华科大电气》出版意义重大，不仅有力促进了学院科普教育工作的推广，也彰显了在新时代背景下对科普教育新模式的勇敢探索。

科学教育是提升国家科技竞争力、培养创新人才、提高全民科学素质的重要基础。华中科技大学积极践行"明德厚学，求是创新"的校训，力求推动青少年科普事业向好发展，让广大青少年在科学氛围的熏陶下，激发科学兴趣，培养家国情怀，从小树立"科技创新、强国有我"的志向，当下勇当小科学家，未来争当大科学家，为实现我国高水平科技自立自强作贡献，为社会主义现代化建设培养强大的后备科技人才力量！

目录

第一回	我的科学家梦想	1
第二回	电气星系的异世界来客	4
第三回	藏在星环深处的"质子刀"	11
第四回	"强磁场"的透视超能力	21
第五回	掌握"核聚变"的开关	33
第六回	"超导体"做成的秘密武器	41
第七回	踏上"电磁探测"寻宝之旅	49
第八回	穿越云层中的"高电压"	57
第九回	"储能"带来的稳定灯光	64
第十回	恢复旋转的"电机"	71
第十一回	电气星系的最后一站	78
第十二回	电气学院和星系的交织	82
第十三回	电气的认可,注定的相遇	86
附录	华中科技大学电气与电子工程学院简介	89

i

人物介绍

姓名：喻小电
身份：喻电小学六年级学生
性格特点：聪明好学、勇敢机智、好奇心重、耐心坚强
爱好：对未知事物刨根问底、动手实践所学知识
愿望：成为一名科学家

姓名：电大
身份：电机星教授
性格特点：豪爽直率、平易近人
爱好：画电机图纸、拆卸电机、安装电机
愿望：设计出理想中的完美电机

姓名：电九
身份：电教星教授
性格特点：热情洋溢、活力四射
爱好：培训教导来自各个星球的学生
愿望：领导电教星培养出更多卓越的电气人才

姓名：电八
身份：电磁星教授
性格特点：从容不迫、热爱运动
爱好：研究粒子世界的高速运动
愿望：通过粒子加速器探索万物的内部结构

姓名：电七
身份：强磁星教授
性格特点：坚毅沉稳、循循善诱
爱好：为磁悬浮飞车设计各种引擎
愿望：制造出最强的磁场和最快的宇宙飞船

姓名：电二

身份：电力星教授

性格特点：稳重睿智、高瞻远瞩

爱好：每分每秒监视电力星的发电情况和用电情况

愿望：守望万家灯火，电永远够用，永不停电

姓名：电三

身份：高电压星教授

性格特点：成熟稳重、冷静自持

爱好：修建高压装置，利用闪电的能量

愿望：星球上每一位公民都能做到规范使用高电压设备

姓名：电四

身份：应电星教授

性格特点：尽心竭力、恪尽职守

爱好：利用不同的电路元件组合出新的设备

愿望：电路元件的生产效率越来越高

姓名：电五

身份：电工星教授

性格特点：精益求精、沉默少言

爱好：研发设计新仪器，升级星球仪器

愿望：使所有仪表都能测量出最准确的数据

姓名：电六

身份：聚变星教授

性格特点：活泼跳脱、童心未泯

爱好：储存充足的能源，有备无患

愿望：制造出永远消耗不完的能源

星球介绍

电力星是电气星系的第二颗行星，星球周围没有卫星和星环，看起来有些单调。不过星球表面有许多高低起伏的电力杆塔，还有两块巨大的碳中和恒星能量板，碳中和恒星能量板像船桨一样微微摆动，推动星球沿着轨道运行。

应电星是一个蓝色的、离碳中和恒星第四近的星球。主星周围有一圈黄色的星环，上面的图案正是各种电路元件的电路图符号。星球表面上有许多密密麻麻的图案——原来是地面上自然形成的许多沟壑，星球表面好像一个巨大的迷宫。

碳中和恒星

电机星

电力星

高电压星

应电星

碳中和恒星是电气宇宙的中心，相当于太阳，周围九大星球围绕着它旋转。这颗星球通体为蓝白色，据说星球的内部可以实现空间传送。

电机星是离碳中和恒星最近的一颗星球，它由三部分组成：中间部分好像一个缓慢旋转的齿轮，内部深邃而又神秘，一般把它称为电机星的主体；两端好像两颗卫星，但一直静止在宇宙中。

高电压星整体为黄色，是离碳中和恒星第三近的星球。星球表面氤氲着一层淡黄色的云层——原来是无数黄色闪电编织在一起形成的景象。云层中还时不时传来低沉的轰鸣声，云层好像一堵密不透风的墙，隔绝着一切来自外界的窥探。

聚变星是离碳中和恒星第六近的星球。这颗星球是半透明的，两颗卫星环绕着主星飘浮在宇宙空间之中。透过半透明的星球地面能看到内部有发光的物质正在闪烁，黄色的物质正在缓慢旋转，发出的耀眼光芒看上去似乎有些危险。

电磁星是离碳中和恒星第八近的星球。这是一颗十分普通的黄色星球，但它的周围却有一个非常漂亮的星环。星环里好像有飞速流动的电流，一圈又一圈地绕着星球转，速度快得难以用肉眼看清。

聚变星

电磁星

电工星

强磁星

电教星

电工星呈规整的橙色球形，是离碳中和恒星第五近的星球。星球上面布满了大大的仪表，里面有指针正在不断摇摆。星球表面还有着装扮成电荷和超导体样子的大型交通工具，大型交通工具来来往往，十分热闹。

强磁星是离碳中和恒星第七近的星球。星球整体为藻绿色，南北两极发出耀眼的光芒。星球外围拥有翅膀一样的星环，翅膀一样的星环守护着强磁星磁场的稳定。星球的强大磁场吸引着周围空间几乎所有的物体，所以强磁星周围几乎没有宇宙尘埃。

电教星离碳中和恒星最远，冰块一般的卫星围绕着主星旋转。放眼望去，主星上一片雪白，雪白之下却有着许多洞口——原来这颗星球的城市建立在地下，每个星球的学生就在这座地下城市中进行培训、学习。

第一回

我的科学家梦想

喻小电是喻电小学六年级的一名学生,他在班级里人缘很好,被老师同学们亲切地称为小电。他梦想成为一名科学家,能够攻克一切难题。在科学课上,小电被科学家们发明的机器吸引,但是当他问老师到底怎么样才能成为一名优秀的科学家时,却没能得到满意的回答。

喻电小学很少有和大学交流的机会。一天下课时,小电偶然听到学校将要举办和华中科技大学的书信交流活动,可以向大学里的哥哥姐姐们求助,他第一个冲进办公室报了名。

"华科大的哥哥姐姐们肯定能告诉我,我到底怎么努力才能成为像他们一样的人。"

放学后,他从老师那儿拿到了信纸,立马冲进家门,开始在纸上奋笔疾书。他写道:"我叫喻小电,今年六年级了。我想当一名科学家,想驾驶太空飞船去旅行,还想做一个巨大的实验,发明一台时光机器……其实,我对身边的电就非常有兴趣,我想知道家里的电到底是怎么从开关到灯泡的,我还有很多很多关于电的问题。哥哥姐姐们,我要到哪里去学习这么多关于电的知识呢？我要怎么做才能成为一名科学家呢？"

▲ 喻小电写信

信很快就被寄了出去，搭载着小电的梦想飞出了学校。小电每天都焦急地等待着回信，好像期待着未来的自己，会因为这封信而发生改变。

终于，两个星期之后，当老师抱着厚厚的信件走进教室时，小电第一个排队领到了自己的回信。信封中有一页字迹工整的回信和一张精美的照片。这位来自华科大电气学院的学长告诉小电，科学是需要耐心和毅力的，要把身边每一个小知识都学好、学扎实，然后将脑海里的知识串联起来，最后才能成为电学方面的专家。小电若有所思地点了点头。随后他转头看向照片，照片是学长与华科大电气学院门口的合影。小电眨了眨眼睛，照片上的人脸突然开始发生变化，这副面容给小电一种似曾相识的感觉。突然，小电感到照片中传来一阵吸力，还没等小电反应过来，甚至信还没有读完，他的眼睛里突然发出一阵

第一回 我的科学家梦想

▲ 喻小电被照片吸了进去

白光,人便晕了过去。迷迷糊糊中,他好像看到自己闯进了一个奇妙的隧道,耳边传来一阵爆炸的响声。在昏迷中小电手里还是紧紧攥着刚刚的那张照片,好像学长送给他的礼物可以带给他面对未知的力量。

第二回

电气星系的异世界来客

"这……这是什么地方?"喻小电迷迷糊糊地睁开了眼,发现自己正躺在一个满是奇怪仪器的房间里。

"呀,你醒啦!"一个俏皮的声音吓了喻小电一跳,他猛地翻起身来,环顾四周,却没有人影。"我叫电九,你好呀,异世界的客人。"喻小电低头才看见了一个圆滚滚的生物,他感到十分新奇。

◀喻小电遇到电九

第二回 电气星系的异世界来客

在和电九的交流中,喻小电知道自己现在已经来到了一个名为电气星系的地方,电九属于一类叫电球的生物,是电气星系的居民。

▲ 电球全家福

这个星系有九大行星,分别是电机星、电力星、高电压星、应电星、电工星、聚变星、强磁星、电磁星、电教星。这九颗行星共同围绕着一颗蓝白色的碳中和恒星公转,这颗碳中和恒星就像太阳一样,也散发着光和热。九颗行星的首领叫作教授,他们之间有密切的交流,星系中所有的电球们共同建设着电气星系。

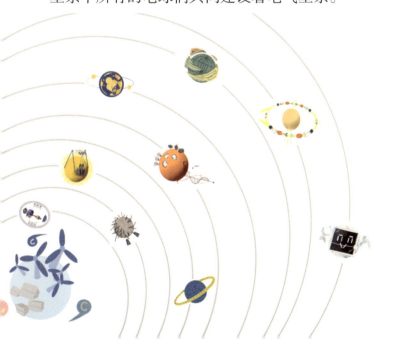

◀ 电气星系图

"在你之前也有一个异世界的人来过，估计你和他是因为相同的原因才来到了我们的世界。"

"那我要怎么才能回去呢？"喻小电焦急地问道。

"别担心"，电九解释说，"我们星系里蓝白色的碳中和恒星就是一扇传送门，它可以将你传送回去。不过上次传送那位客人的时候，门的能量耗尽了，想要补充能量就要获得每颗星球教授的信物。集齐九个信物，就可以给门充满能量啦！"

喻小电又打起了精神："那快点开始吧！电教星的教授是谁？我们快去找他！"

电九扶了扶不存在的眼镜，微微一笑："我就是电教星教授！"喻小电愣了一下，怎么都无法将这个小孩子似的跳脱形象和教授那种沉稳睿智的形象结合起来，于是试探性地问道："那你的信物？"电九用小手"指"了一圈房间里的仪器，说道："我的信物被锁在了宝箱之中，你需要用这些仪器，想办法将能量注入宝箱。"

电九的话激发了喻小电的兴趣。在学校中，他最喜欢的就是实验课和科学课，他已经迫不及待地想要做实验了。

"这个箱子只能充入直流电，而我的实验室里的电源全是交流电。也就是说，你要设计一个电路，把交流电转化成直流电。"电九说完，跳上了一张桌子，翻箱倒柜地找着什么。

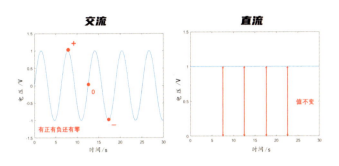

▲ 交流与直流示意图

喻小电有点听不懂了，便问："交流电？直流电？这都是什么意思啊？"

电九思考了一下，说道："如果你把电流看作水流，直流就是水流一直向前方流，它的方向不会变。交流就是水流的方向一会儿向前流，一会儿向后流，不断交替。科学地说，交流电就是随着时间的变化，电流的方向和强度随之改变。直流电则是随着时间的变化，电流的方向和强度都不改变。"

"也就是说我要把方向不断交替的水流变成方向不变的水流？"

"很聪明，给你一个奖励"，说着，电九拿了一包东西跳下了桌子，来到喻小电跟前，"这是二极管，它只允许电流从一个方向通过，这可是把交流电变成直流电的秘密武器哦。"

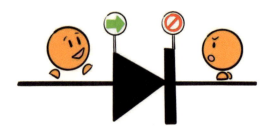

▲ 二极管示意图

> **小知识**
>
> 二极管的作用：二极管就像是一个小开关，它有一个特别的地方，那就是它只允许电流从一个方向流过，如果电流想从另一个方向流过，二极管就会把它关掉。

"那么我只要把所有的电源都连上一个二极管，然后把二极管接到宝箱上，就可以把交流电变成一直向前流的直流电注入进去，说不定就能打开宝箱了！"

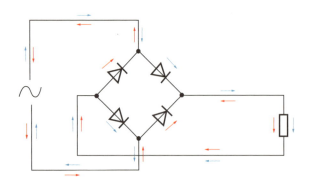

▲ 整流电路示意图

说做就做,喻小电按照电九的提示将房间里的九个电源每个都连接上了一个二极管,然后连接到宝箱上,按下了开关,宝箱上面投影出了一条灰色的横线,横线左侧绿色的进度条在向右延长,这就是宝箱充能的进度条。没过多久,宝箱就充满能量自动打开了。

▲ 放有卡片的宝箱

宝箱打开之后,电九拿出来一张卡片塞到喻小电手里。

喻小电仔细观察着信物,这是一个外形不规则的卡片,卡片上有着不规则的图案。"看起来好像是一块拼图。"喻小电心想。电九给了喻小电一个背包,喻小电把信物小心地装进了包内,他开始期待未来可能遇到的挑战了。

▲ 拼图一

• 小问题

1. 下图中二极管可以让电流从哪个方向通过呢？（　　）

―――▶|―――

A. 从左流向右

B. 从右流向左

C. 电流不能流过

【答案】A。

【解析】根据二极管示意图可以发现，在二极管中电流从三角形图案流入，所以电流为从左向右流。

2. 电流可以分为（　　）和（　　）两种。

A. 变流电，恒流电

B. 交流电，直流电

C. 后流电，前流电

【答案】B。

【解析】电流分为交流电和直流电。交流电的方向会不停地改变，一会儿向前，一会儿向后；而直流电的方向一直都不变，就像一条直线一样。

第三回

藏在星环深处的"质子刀"

"接下来我带你去电磁星。"电九说着,不知从哪里拿出来一个车钥匙一样的物件,按了一下上面的红色按键,实验室中央场地突然出现了一个大洞,洞里缓缓升起一艘宇宙飞船,通体呈流线型,还有几道科技感满满的蓝色光条在飞船两侧延伸。喻小电眼里露出兴奋的

▲ 乘坐飞船

神色。"这还是带领上一个异世界的客人游览时,我委托聚变星的老朋友设计的飞船。走吧,我们现在出发。"

二人上了飞船,淡蓝色的等离子流从发动机里喷射而出,船身两侧的蓝色流光更加耀眼了。飞船平稳地离开了地面,从打开的屋顶飞出。喻小电这才看到了电教星的风景:冰块一般的卫星围绕着主星旋转;主星上放眼望去一片雪白,雪白之下却有着许多洞口——原来,这颗星球的城市建立在地下,刚刚的"屋顶"只不过是洞口之一。蓝白色的碳中和恒星高悬在天上,由于距离很远,显得非常小,就像一只灯泡挂在天上。

▲ 电教星

"我们电教星是整个电气星系的人才培养中心",电九自豪地说,"每个星球的学生都要到电教星进行培训、学习。

"在这里,学生可以亲手操作各种先进的电气试验设备,仿佛是电气世界的魔法师,用实践操作施展魔法,让理论知识焕发生机。同时,学生可以在试验中不断摸索与尝试,又仿佛是电气世界的探险家,勇敢地开辟新天地。在电教星的每一次试验,都是一次与理论的亲密接触,是对未知世界的勇敢探索;每一次团队合作,都是一次对团队协作精神的磨炼,教会大家为了同一个目标而努力。

"所以,电教星不仅是学习的地方,更是成长的舞台,是我们所有学生的实战演练场和训练营。它让学生在实际操作中感受电气的魅力,在探索和创新中实现自我突破。在这里,他们将踏上成为优秀电气工程师的旅程。"

喻小电激动地心想:"那我的这趟旅程的终点会不会也是一名优秀的电气工程师呢?"

不一会儿,喻小电和电九就来到了电磁星外。喻小电通过舷窗看到了电磁星的全貌。这是一颗十分普通的黄色星球,但它的周围却有一个非常漂亮的星环。星环里好像有飞速流动的粒子团,一圈又一圈绕着星球旋转。

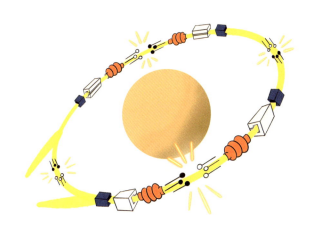

▲ 电磁星

飞船快速靠近,最终在一个小院子里着陆了。

"电九,什么风把你吹来了?"一个电球踩着悬浮滑板从院中的小房子里飘了过来,兴奋地说道。

"小电,这是电磁星的教授,电八。"电九走到电八跟前,拍了拍他的肩膀，向喻小电介绍道。

▲ 电八

"又来了一位异世界的客人？怪不得你把这艘老古董开来了"，说着，电八向喻小电伸出球球小手，"你好，我是电八，可以叫我老八。"

"是来找我要信物的吧"，电八问道，不等喻小电回复，就继续说，"这颗星球的星环你一定已经看到了，信物就在这星环里面，不过需要你自己去拿。"

就在喻小电转身准备上飞船时，电八叫住了他。

"坐太空电梯上去吧，这么大的星环，你们别停错地方"，说完，电八便带他们来到了一个类似电梯间的地方，"这个电梯是最近新建的，用高速带电粒子推动，这在我们电磁星内部算是去太空最快的交通工具了。"

第三回 藏在星环深处的"质子刀"

▲ 太空电梯

小知识

粒子：粒子就像是我们身边的小小"颗粒"，它们非常小，小到我们用肉眼都看不见。但它们是真实存在的，比如电子、质子、中子等。粒子非常重要，因为它们可以帮助我们理解世界的本质，了解物质是如何形成的，以及能量是如何传递的。而且，利用这些粒子的性质，我们还可以创造出很多有用的东西，比如同步辐射光源、放射治疗机等。

喻小电和电九上了电梯，坐到了座位上，系好安全带，等到舱门关闭，便听到电梯底部隐隐震动并伴有轰鸣的声音。

"这个高速带电粒子是怎么产生的呢？"喻小电好奇地问道。

电九边操控电梯边解释道:"把带电粒子加速到很高的速度就行了。"

"能说详细一点吗?"

电九看着喻小电求知若渴的样子,心里非常欣慰,便说:"那我先说带电粒子是怎么来的吧。

"带电粒子就和我们玩的弹珠一样,会在空间中四处移动,有些会像旋转木马一样旋转,有些则像箭一样直线前进。带电粒子分为正电粒子和负电粒子两类。当某一类小球被我们强制汇聚在一起时,就形成了像江河一样流动的带电粒子流。"

电九顿了顿,继续说道:"得到带电粒子之后,最重要的就是加速了。

"在我们玩弹珠的时候,如果将弹珠从高处丢向地面,因为地球对弹珠的吸引,弹珠下落的速度将会越来越快,这就是一种加速。

"同样,粒子加速器利用一定形态的电场将正负电子、质子、轻重离子等带电粒子加速,使它们的速度达到每秒几千千米、几万千米乃至接近光速,并利用磁场控制它们的运行轨道。"

在喻小电和电九的交流中,电梯逐渐减速,停在了星环中。

从电梯中出来,喻小电发现自己在一个大型操控室中,里面有几个穿着白衣的电球围绕着操控台,正在操作着。

这时,有一个电球看到了他们,"来客人了!你好,电九教授",这个电球和电九握了握手,然后转向喻小电,说道,"电八教授已经将你的来意通知我了。请随我来,我带你去取信物。"经过交流,喻小

第三回 藏在星环深处的"质子刀"

电知道了这个电球是环形加速器的研究员。

他们走进了一个房间，正前方是一扇落地窗，窗外就是高速运动的带电粒子，高速运动的带电粒子发出令人着迷的蓝色荧光。在房间的正中央有一个金属台，金属台上面放了一个坚实的保险箱，箱子上面悬挂着一个探头似的东西。"这个保险箱就是装信物的盒子了，你需要通过自己的智慧打开它，拿到信物。"

喻小电来到了盒子跟前，这个小盒子通体泛着金属光泽，看起来没有任何缝隙，如同一个完整的金属块，到底要怎么打开呢？

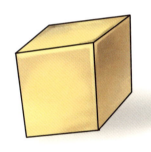

▲ 保险箱

"这个保险箱外表无比坚硬，没有特种工具根本无法打开。给你一点提示，它的弱点是它内部的核心，核心一旦被破坏，它就会解体。"研究员说完，便回到了工作岗位。

喻小电看看盒子，又看看窗外的带电粒子流。

"有了！我可以让高速带电粒子轰击它。但是怎么才能让高速带电粒子轰击到箱子的核心呢？"

电九点点头，欣慰地说："思路很对。我告诉你几个知识点，看你能不能想到打开盒子的办法。"

"我们星系有一种非常特别的刀,这把刀是无形的,它就是应用了高速带电粒子的特性。当带电粒子在物质中穿行时,其能量被沿途物质的原子吸收,粒子的速度逐渐降低。到了行程的末端,它的大部分能量集中释放,我们就把这个尖锐的能量峰叫作'布拉格峰',这也就是这种刀的刀尖了。由于该物质其他部分的能量不高,因此并不会对物体其他地方造成什么伤害。这样,这把由无形能量组成的无形的刀,就能穿过物体表面,直刺物体内部。"

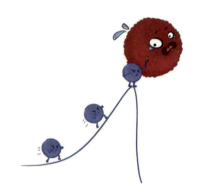

▲ 质子刀的布拉格峰

听完电九的讲授,喻小电沉思了片刻,看着窗外的粒子流与台子上的探头,原来探头里可以发射出质子。他突然想到,"我可以用质子做成那种刀,这样就能无视盒子坚硬的表面,用那个'布拉格峰',直接破坏盒子核心了!"喻小电将探头打开,高速质子束"疯狂"地轰击着这方小小的保险箱。不久,清脆的破裂声从箱子内部传来,保险箱应声打开,一张卡片从里面飞出,掉落在地上。喻小电关掉了探头,走上前拿起了第二个信物:"原来这就是从内部瓦解呀,我终于弄懂了。"

▲ 拼图二

"这其实就是质子刀。"电九满意地说道。

"质子刀不论是对你们人类还是对我们电球来说都是非常先进的治疗仪器。医生通过把这把刀对准肿瘤,可以直接从人体内部瓦解肿瘤。并且,质子刀非常精准,它对肿瘤周围正常组织的影响非常小,只对肿瘤进行精确打击。

"总之,质子刀在治疗中有着重要的应用价值。在我们电球的世界里,质子刀帮我们治愈了许多病痛,为我们的健康生活做出了许多贡献,你也要记住哦。"

喻小电若有所思地点了点头。学习到了这么多新知识,他赶紧用笔记了下来,边走边思考和回忆。而那块信物他没有细看就放进了包内。

• 小问题

1. 判断题：质子刀能量最高的地方叫作布拉格峰。

【答案】正确。

【解析】质子刀有一个地方的能量非常高，就像山峰一样，我们就把这个能量高峰叫作"布拉格峰"，这也就是这种刀的刀尖了。

2. 下列选项中不是粒子的是（　　）。

A. 质子

B. 中子

C. 电子

D. 太阳黑子

【答案】D。

【解析】太阳黑子实际上是一种天文现象，与太阳的活动和磁场有关，大小可与地球相当，不属于粒子。电子、质子、中子都是粒子，它们可以帮助我们理解世界的本质，了解物质是如何形成的，以及能量是如何传递的。

第四回

"强磁场"的透视超能力

"走,小电。"

"接下来去强磁星吗?"

"对,但是先去问电八教授要点东西。"

他们乘坐电梯回到了那个小院里。一下电梯,电九就喊道,"老八,找你借点磁屏蔽膜用用!"电九在和电八的闲聊中快速地给飞船上好了磁屏蔽膜,道了一声别,便带着喻小电飞走了。

等飞船飞离了电磁星,喻小电问道:"为什么去强磁星要装磁屏蔽膜呢?"

"强磁星上的磁场太强了,如果不装磁屏蔽膜",电九说着,拍了拍眼前的仪表,"这些仪表和电子设备都得失灵,整个飞船就会失控,然后坠毁。"

> **小知识**
>
> 磁场：磁场就像地球的引力一样，看不见、摸不着，但是我们能感受到它的力量。它会对放入其中的磁性物体产生力的作用，磁铁就是通过发出磁场来吸引其他铁块的。
>
> 磁屏蔽膜：假如磁场是水流，磁屏蔽膜就是一把雨伞，引导着水流沿着伞面流走，保护里面的物体。

飞了好一会儿，一颗比电教星和电磁星大不少的行星出现在喻小电眼前。整颗星球呈藻绿色，南北两极发出耀眼的光芒，好像一个旋涡吸引着周围的空间。

▲ 强磁星

"这磁场好像比之前又强了不少啊。"电九看着磁场强度仪表皱眉道。

飞船突然剧烈晃动。"不好，他们的技术又升级了，我们的磁屏蔽膜的屏蔽等级不够！已经有部分仪器失灵了！

▲ 飞船产生剧烈晃动

"时间不多了，快，现在只能把磁屏蔽膜临时强化了，我们抓紧时间！"

"我们该怎么做？"喻小电急切地问道。

"幸亏我多拿了几张磁屏蔽膜，这不就用上了。跟下雨要打伞一样，如果伞破了，那就在伞上多缝几层雨伞布。"电九解释道。

"明白了！我们可以增加更多磁屏蔽材料，就像在雨伞上多加几层布一样，这样飞船就会更安全了！"喻小电兴奋地说道。

喻小电和电九迅速开始控制飞船外的机械臂来调整磁屏蔽装置，将所有的磁屏蔽膜全部安装上去。

"好了，终于升级完成了。不过还是会有些颠簸，抓稳了！"说着，电九按下"手动驾驶模式"按钮，然后转头对喻小电说，"系好安全带！"

强磁星的居民今天又看到"流星"了，一道白光划过灰蓝色的天空，拖着长长的尾巴，向着地面冲去。就在强磁星居民浪漫许愿的同时，"流星"里面的红色警报闪得十分刺眼，"哔哔"的警铃声在震动的噪声中难以被听清。

在"轰"的一声巨响中，飞船终于着陆了，身后犁出了深深的沟壑，灰黄的烟尘弥漫在空中。

电九摇了摇脑袋，从椅子上跳下来，来到喻小电身边，拍了拍他的脸："小电，小电，听到请回话。诶，怎么不回话？不会是睡着了吧？"喻小电在电九的絮絮叨叨中渐渐缓过神来："好险，幸好我们升级成功了。"电九说："好了，咱们走吧，先把这个星球的信物拿到手。"说罢，拉着喻小电走下了飞船。

飞船已经千疮百孔了，蓝色的流纹已经泛灰，没了之前的光芒与灵动。白色的船体已经看不到几处白色了，反倒是黑色和灰色占据了飞船外表。"这飞船肯定是开不了了，到时候问问七哥咋办吧。"电九也没在意毁了一艘飞船，不知道从哪里掏出来了一个黑盒子，摇了两下，黑盒子就投射出了一个全息画面，画面中有一个电球的身影。

第四回 "强磁场"的透视超能力

▲ 全息投影通话

"电九?你这是在强磁星?"画面中的电球——也就是电七——问道。

"对啊,七哥。你们星球磁场怎么突然变强了?我的飞船都坠毁了,你得赔我一艘。"电九委屈地说道。

"我早就发过星际通告了,我们正在进行新的充磁实验,准备造出全星系最强的磁场,所以我们星球交通限行了。"

小知识

充磁:磁铁有的时候会因为受到加热、撞击等影响而减弱或失去磁性,也就是失磁。充磁就是恢复磁铁的磁性。形象来说,就像充气是把气充进气球里一样,充磁就是把磁"充进"失磁的磁铁里。

"我给你发个坐标,七哥过来接我一下呗。来了一位异世界的客人,和之前那位一样,安排一辆客人能坐进去的车。"说着,电九在那个黑盒子上捣鼓了几下。

不一会儿,一辆结构奇特的车飞驰而来。这辆车飘浮在空中,就像贴着地面飞行的飞船一样。车门打开,下来一个身披黑色大衣的电球,这就是强磁星的教授电七。电七看喻小电对飞车感兴趣,便说:"这是我们强磁星的特产——磁悬浮飞车,利用我们星球强大的磁场起飞移动。"

电七把喻小电和电九带上车。路上,喻小电好奇地问电七:"电七教授,我需要做什么才能获得您的信物呢?"

电七拿出来一个白色的小盒子。整个盒子浑然一体,密不透风,和电磁星的盒子很像,只不过这个小盒子没有金属光泽,更像是塑料的。

"这个盒子里面就是我的信物。你要在上面画出手势密码,就像你们的手机一样。但是打开盒子的密码图案封存在盒子里,至于是什么样的,需要你自己想办法获得了",电七将盒子递给喻小电,"提醒你一下,这个盒子有自毁功能,如果你想暴力拆开而不是画出密码打开,它就会自动爆炸。"

喻小电有点头痛,哪有把盒子的密码锁在盒子里的啊,这和把钥匙锁在柜子里有什么区别?这个手势图案究竟是什么呢?喻小电恨不得自己有一双透视眼,直接看穿这个盒子。

他们到达了电七的实验中心。这是一个巨大的建筑,高高的台阶通向灰色的大楼。大楼的正面呈弧形,玻璃质感的大门反射着蓝白色碳中和恒星的光辉。

第四回 "强磁场"的透视超能力

◀ 实验中心大楼

电七带喻小电参观了他的实验中心，这里有很多看起来"高大上"的东西，比如高参数磁体、高功率大电流电源、多时空电磁成形机、大型永磁设备整体充磁机、磁制冷机等。虽然看不懂这些都是什么东西，也搞不明白是干什么用的，但是看着实验室中一个个忙碌的电球研究员，喻小电非常神往，想象着未来有一天也能在这种高级的实验室中做科学实验。一颗种子已经深埋在喻小电的心中了。

参观的最后一个展厅展示的是强磁场在生活中的应用。电七一一介绍着各种仪器设备。"这是核磁共振仪，是一种医疗仪器，它可以在不动刀的情况下看到生物的内部组织，并且不像 X 光和 CT 那样有电离辐射，对大多数人来说是安全的，在医疗领域应用非常广泛。"

▲ 核磁共振仪

27

小知识

X 光：X 光是一种电磁波，肉眼不可见，有很强的穿透性，因此可以用 X 光观察人体内部情况。X 光检查也就是俗称的拍片。X 光对人体有轻微辐射。

CT：可理解为 X 光的加强版，是一种广泛用于医疗领域的检查手段，成像要比 X 光清晰，但是辐射也比 X 光大得多。

看到生物内部？喻小电听到这句话猛地一激灵，他从包里拿出了装有信物的盒子，喃喃地说道："这不就是透视吗？"

"电七教授，请问核磁共振仪除了能透视生物体，还能透视其他物体吗？"喻小电暂时按捺住直接上手的想法，向电七请教道。

电七一下子就明白了喻小电的意思，他没想到，这位异世界客人反应竟然如此迅速。电七心中欣慰，但脸上看不出任何变化，回答道："当然可以，你可以把核磁共振仪想象成是一个可以看透一切的'眼睛'。"

电七继续说道："人体是由原子这种小颗粒构成的，原子在一定范围内杂乱无章地运动着。

第四回 "强磁场"的透视超能力

▲ 不规律的原子

"当我们将人体放入很强的磁场中时，原子运动的方向会变成相同的。这时我们加入一个探测用的电磁波，与探测波振动快慢相同的原子就会发生共振。我们就能通过这个来了解到原子的信息了。"

▲ 规律的原子

小知识

原子：原子是肉眼看不见的极其微小的颗粒，是构成所有物质的基本单位。就像积木可以拼出各种各样的形状一样，原子也可以组合成各种各样的物质。原子可以构成分子，一个水分子是由两个氢原子与一个氧原子构成的，而一滴水就是由上亿个水分子组成的。

喻小电听得有点迷茫。电磁波是什么？共振是什么？为什么磁场还有方向？电七的一番话极大地勾起了喻小电的求知欲。

电九看喻小电的表情，知道他没怎么听懂，哈哈笑了笑，说道："七哥，专业的事情还是交给专业的人来做。论科普，我是专业的，我来给小电讲一下吧。"说着，电九撩了撩不存在的头发。

"我们可以想象一下，假如我要去一个新的班级教课。课间休息时，同学们在教室里前后左右地聊天，大家就像是不规律的原子。当上课铃响时，同学们会立马面向黑板，方向也就都朝着前方了，就像是加了磁场一样，变成了方向一致的规律的原子。这时，我手里拿着班级同学的名单，这份名单就相当于探测用的电磁波。我只要照着名单点名，被点到的同学就会起立，也就相当于发生了共振，这样我也就能知道这个同学的信息了。至于电七教授说的那些概念，就需要你回到你的世界后好好学习喽。"

> **小知识**
>
> 电磁波可以理解为在空间中电场和磁场相互影响、交替变化，并在空间中传播的一种能量形式。

听完讲解，喻小电大体明白了核磁共振的作用和原理，他知道自己找对了。他把盒子交给电七，希望电七能用核磁共振仪扫描这个盒子，这样就有可能看到盒子里的手势图案了。

电七没有用那个大的核磁共振仪，而是用了边上的一个小的仪器。

第四回 "强磁场"的透视超能力

一通操作之后,仪器开始运作起来,不久就投影出了盒子的分层图像。喻小电往下翻找着,终于看见了一个清晰的画着手势图案的图片。原来手势图案是一个"7"。

"盒子里的图案是用棉线绕出来的。棉线是棉花制成的,有大量的氢原子,这台核磁共振仪是用氢原子来成像的,所以你就能看到了。"电七向喻小电解释道。

喻小电用手指在盒子上画了一下"7",原本严丝合缝的盒子就裂开了。喻小电拿出了轮廓不规则的拼图,他已经对这个非常熟悉了,这就是信物。已经拿到三张拼图了。喻小电看着这三张拼图的轮廓,有一种预感,它们应该能拼起来。但是目前的三张还不行。

▲ 拼图三

"你们的飞船坏了,我这里也造不了等离子飞船。这样,我给你们一艘磁动力飞船,虽然飞行距离有限,不能离我们强磁星太远,但通过磁力弹射还是能带你们安全到达聚变星的,到时候让老六再给你们造艘新的飞船。"

第二天,喻小电和电九就坐上了前往聚变星的磁动力飞船,离开了强磁星。

• 小问题

1. 下面哪个透视技术不会产生对人体有害的辐射？（　　）

A. CT

B. X 光

C. 核磁共振

【答案】C。

【解析】X 光检查也就是俗称的拍片，X 光对人体有轻微辐射。CT 可理解为 X 光的加强版，成像要比 X 光清晰，但是辐射也比 X 光大得多。核磁共振技术不像 X 光和 CT 那样有电离辐射，在医疗领域应用非常广泛。

2. 磁屏蔽膜的作用是（　　）。

A. 保护膜里面的物体

B. 使磁场彻底消失

C. 产生电场，影响磁场

【答案】A。

【解析】磁屏蔽膜能把电磁波"挡"住，不让它们乱跑。假如磁场是水流，磁屏蔽膜就是一把雨伞，引导着水流沿着伞面流走，保护里面的物体。

第五回

掌握"核聚变"的开关

磁动力飞船的速度虽然不如等离子飞船,但聚变星离强磁星并不远,喻小电还在思考上一个实验的奇妙之处时,聚变星就在眼前了。

这颗星球居然是半透明的,两颗卫星环绕着主星飘浮在宇宙空间之中。透过半透明的星球地面能看到内部有发光的物质正在闪烁,黄色的粒子流正在快速旋转。

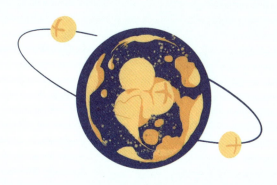

▲聚变星

电九看出了喻小电的疑惑,介绍道:"聚变星之所以叫聚变星,就是因为它整个星球就是一个核聚变反应堆。"

"核聚变？是指把一些核聚集在一起然后发生变化吗？"一路上学了不少新知识的喻小电，现在遇到新名词已经能率先提出自己的见解了。

"是的，你的悟性很高呀。你已经知道原子的概念了，我再给你介绍一下原子的结构。原子是由原子核和电子组成的。原子核是原子的核心，电子在原子核周围运动。不同原子的原子核重量和大小也不同，而核聚变就是把轻的原子核结合成重的原子核并放出巨大能量。"电九解释道。

"就像是把小积木块拼在一起，最后它们变成了更大更有力量的城堡一样吗？"喻小电发出了疑问。

"对，你说得很对。核聚变释放出的能量就来自原子核结合的过程中微小的内部变化，聚变星居民生活需要的能源都是靠核聚变产生的。"电九继续解释道。

▲ 微观粒子、质能方程

喻小电点点头："原来是这样，好神奇！小小的原子核居然可以提供这么大的能量！能源短缺的问题感觉迎刃而解了。"

第五回 掌握"核聚变"的开关

"哪有那么简单,实现持续的核聚变反应,需要满足相当苛刻的要求",电九教授指着前方巨大的实验装置,向喻小电解释道,"聚变星使用的是托卡马克核聚变装置。这个装置模拟了太阳内部的高温环境,温度可达上亿摄氏度,就像《西游记》里面太上老君的炼丹炉一样。"

他们离聚变星越来越近了,喻小电可以清楚地看到那个巨大的聚变装置。电九教授指着装置解释道:"托卡马克核聚变装置的外形类似圆环,就像一个甜甜圈,粒子就在这个甜甜圈里面一圈一圈地运动。"

▲ 托卡马克核聚变装置

"那这些粒子是怎么保持在圆环装置里的呢?"喻小电追问。

电九教授回答:"托卡马克核聚变装置内有强大的磁场,这个磁场能拉着粒子,就像是给粒子们套上了一层'紧箍咒',使它稳定运动于圆环内部。磁场就像笼子一样关着粒子,所以我们又叫它'磁笼'。核聚变的温度非常高,也只有无形的磁笼能约束住这些狂暴的粒子了。"

喻小电听到"磁场",便说道:"这竟然还用到了强磁星的知识。"

电九点点头:"是的,电气星系每一个星球之间都有密切的联系,电气世界的知识也是相互贯通的。"

飞船很快就在中央星球上停住了。

刚从飞船上下来,喻小电就听见一个爽朗的声音:"看看这是谁来了!"一个电球戴着一个非常夸张的墨镜,张开双臂向他们走来。他先给了电九一个大大的拥抱,然后又跳起来给了喻小电一个拥抱。

▲ 电六戴墨镜张开双臂向前走

电九对电六央求道:"老六啊,我准备带异世界的客人进行星际探险,但是我的飞船在强磁星上报废了,你能不能再给我造一艘啊?"

老六一摘眼镜,拍拍胸脯说:"你的情况我已经听说了。你放心,飞船会有的,信物也会有的。不过……"电六突然停了下来,好像很为难的样子。

"老六你有困难直接和我说,我能帮的一定帮!"电九接话道。

"其实我今天本来要去星球核心控制区的,因为我们星球的聚变装置有些不受控制了,能源最近出现了短缺的现象。所以……"

"好说,我带喻小电和你一起去。"电九很快回答。

电六听后笑起来,嘴咧得大大的:"感谢感谢!你们帮我找到问题所在,就可以拿到信物了。"

第五回 掌握"核聚变"的开关

"好,那我们现在就出发!"喻小电活力满满地说道。

电六驾驶着自己的飞船,载着喻小电和电九,朝聚变星核心控制区狂飙。坐上电六的飞船,喻小电才反应过来,原来电九开飞船如此平稳。

"呀呀呀,老六,慢一点慢一点。"电九忍不住惊呼出声。电六冲电九和喻小电一笑,把油门踩得更重了。

很快就到了核心控制区,喻小电从飞船上下来,头晕眼花。电六见状大力拍了拍喻小电的后背,乐呵呵地和喻小电聊天。等到喻小电和电九缓过神来,他们已经随电六走到了聚变装置堆旁。

"这是咱聚变星赖以生存的能量来源,但是最近聚变装置突然不能长时间平稳运行了,我今天过来就是想查明一下原因。"电六指着这堆聚变装置说。

"电六教授,请问我可以近距离观察一下这些装置吗?"喻小电问道。

"没问题,我已经关闭了所有装置,目前聚变星由备用电源提供能量。"电六大手一挥,示意喻小电随便观察。

在电六的许可下,喻小电走近聚变装置。他很快发现,装置的内壁坑坑洼洼,像是被什么侵蚀过一样。喻小电努力回想着电九刚刚给他讲述过的核聚变原理。

"难道是高温?"喻小电想到了这个令他印象深刻的发生条件。"那按理说,装置内壁不应该轻易被侵蚀呀,是反应过程出了问题,还是装置的构成材料需要升级了?"喻小电心里想着,眼睛还在不停地观察装置其他部位。

"这内部的材料也有熔化的痕迹，估计产生了不少额外的粒子。"电九也在一旁分析道。

喻小电敏锐地注意到，装置内壁的侵蚀、材料的熔化，无疑都需要极高的温度，而高温与能量关系紧密。另外，产生的额外的粒子有可能干扰聚变反应的进行。那么产生破坏的巨大能量从何而来？喻小电很快想出了答案。

"粒子们在区域交界的地方释放了大量能量，影响了装置的稳定运行。"喻小电给出了答案。

听完喻小电的判断，电六难得地收起了脸上常挂着的夸张笑容。他找到这段时间关于装置运行的数据记录，重点关注区域交界处的粒子情况，很快验证了喻小电的结论。

"喻小电，你的判断很正确"，电六鼓励着年轻的探索者，"在交界区域我们发现粒子们受外界影响比较严重，释放出极大的能量，对装置的稳定性构成威胁。"

"哦，就像是气球因为外界的摩擦或者挤压而变形，时间长了就会发生爆炸一样？"喻小电用自己理解的方式回应道。

"对，你说得很对。对于这种情况我们可以通过采用一些方法，比如调整粒子们的性质，就像是在气球上做一些处理，来降低或者避免这种不稳定的变形。"电六教授满意地回答道。

找出原因的电六十分高兴，他立马通知相关的人员抓紧时间改进装置，并用一只手大力地拍了拍喻小电的后背，由衷赞叹道："谢谢你呀，小同学，你不仅帮我们解决了能源短缺问题，还学会了用自己的语言解释科学道理。"

喻小电不好意思地挠了挠头,与此同时,科学在他心里的分量又重了几分。

▲ 电六拍了拍喻小电的背,喻小电不好意思地挠了挠头

"我的信物就在那里。"想起自己的承诺,电六指了指控制室的一头。在核心控制区的控制台上,放着一个拼图,这是电六的信物。

"电九,你们的新飞船我已经给你们安排好了,现在就可以起飞了。"电六向电九说道。

"小电,走,拿好信物,咱去电工星。"

▲ 拼图四

• 小问题

1. 实现可控核聚变的仪器叫什么呢？（　　）

   A. 托马斯核聚变装置　　　　B. 托卡马克核聚变装置
   C. 托马克龙核聚变装置　　　D. 托马斯克核聚变装置

   【答案】B。

   【解析】见本章第九自然段：聚变星使用的是托卡马克核聚变装置。这个装置模拟了太阳内部的高温环境……

2. 核聚变是通过（　　）方式发出能量的。

   A. 轻原子核结合成重原子核　　B. 重原子核分裂成轻原子核
   C. 重原子核结合成轻原子核　　D. 轻原子核分裂成重原子核

   【答案】A。

   【解析】见本章第五自然段：不同原子的原子核重量和大小也不同，而核聚变就是把轻的原子核结合成重的原子核并放出巨大能量。

"超导体"做成的秘密武器

不同于前面几颗星球的奇形怪状,电工星的形状是比较规整的球形,不过星球上面布满了大大的仪表,里面有指针正在不断摇摆。飞船悬停在了最大的仪表盘上。电九一下飞船,就直接带喻小电走进一栋大楼,找到一个办公室,上面写着"教授办公室——电五"。

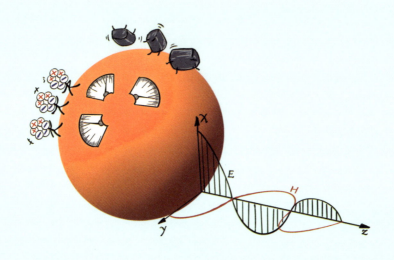

▲ 电工星

开门就见一个电球——也就是电五——坐在椅子上，正在低头写写画画。听见开门声，他一抬头，看见了电九和喻小电。

▲ 电五坐在椅子上低头写写画画

"又来一个异世界人。"没说完，电五摘下眼镜，揉了揉略感疲惫的双眼，起身伸了个懒腰。

"电五教授，我们要怎样才能拿到您的信物呢？"小电明显有些迫不及待，开门见山地问道。

电五没有接话，而是踱步到了落地窗边。过了半晌，电五终于开口："其实我们星球制造出了许多超导体，不过最重要的超导体现在被一群邪恶的电球占领了，我希望我们可以把超导体夺回来。"

喻小电问："什么是超导体呀？"

电九解释说："超导体是指在特定温度以下，电阻会变为零的物质。"

第六回 "超导体"做成的秘密武器

> **小知识**
>
> 电阻：电阻是电气设备中的一个元件，它能够限制电流的流动。如果电流像水流一样快速地流过一个管道，电阻就像是一个阀门，可以调节水流的速度。

"电阻为零？这有什么作用呢？"喻小电试探性地询问。

电五并没有觉得不满，反而露出了难得的笑容，但很快又恢复到原来那副不苟言笑的模样，开口说道："正是因为电阻无处不在，所以超导技术运用到了生活的各个领域，与我们的生活息息相关，比如磁悬浮列车。"

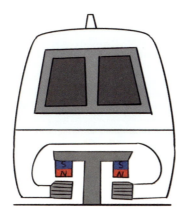

▲ 磁悬浮列车

"超导体不是指电阻的特性吗？怎么会和磁扯上关系？"喻小电一下来了兴趣。他记得科学课上，老师介绍过磁悬浮列车的原理，但难以将其和超导体联系在一起。

"超导体会将磁场完全隔绝在外，这就相当于超导体对磁场有一

43

种强烈的抵抗特性，我们把它称作排斥力。所以，如果把一个超导体放在一个磁场中，它就会被推离磁场，甚至可以悬浮在空中。"

喻小电灵光一闪："这是不是和'同性相斥，异性相吸'的现象很类似呀？"

"没错，很会联想"，电五点点头，又说道，"超导还能用在核磁共振仪和核聚变装置里。试看未来的寰宇，必然是超导的世界。"

喻小电又听到了熟悉的名词，他对电气知识的环环相扣又有了新的认识。

"我懂了！那我们要怎么去打败那些邪恶电球呢？我们好像没有武器。"喻小电问道。

"跟我来。"电五惜字如金，对着墙边的屏幕操作了一番，突然，三人脚下的地板开始活动了起来，居然慢慢浮到了空中。"站稳。"电五话音未落，地板猛地开始加速，朝着墙壁冲了过去，喻小电吓得闭上了眼睛。过了一会儿，他慢慢睁开眼睛，发现他们居然正在一段管道中疾驰。

不久，他们即将到达管道尽头，速度逐渐放缓。电五带着喻小电来到一个导弹模样的武器旁边："这是超导导弹，已经很旧了，里面有些设备因为老化失去了超导能力，威力大大降低，和一般武器差距不大。"

▲ 超导导弹

第六回 "超导体"做成的秘密武器

喻小电仔细观察这个秘密武器，他试探地问："为什么超导武器会比普通武器更加强大呢？"

电五耐心回答道："普通武器的电线电阻不为零，电流会流失，就像水管漏水一样，能量有浪费。而且，电流流过会使电阻发热，有时候它们还可能因为温度过高而无法使用。"

说完，电五拍了拍导弹的外壳，说："交给你了。"

喻小电结合电五刚刚讲解的关于超导体的特性，展开了思考："超导体具有和磁铁相排斥的能力，那就可以用磁铁来检测这个武器的哪个部分已经不是超导体。"他将想法说了出来，电五教授微微一笑，肯定了他的想法，立马安排工作人员进行检测。

不一会儿，检测结果出来了。在电五教授的指导下，喻小电更换了三个部分，分别是超导电线、超导变压器和超导计算机。更换后，超导电线就像一条密封严实的水管，避免了"漏水"的浪费；超导变压器则能够更高效地改变电压；超导计算机运行速度飞快，而且不容易"发烧"。

小知识

电压：电压就像是推动电流流动的"力量"。想象一下，如果你把装满水的水桶放在高处，往下倒水，水就会往下流动。电压就像是这个把水桶放在高处的人，它给了电流一个推动力，让电流开始流动。在电路中，电压是推动电流流动的"动力"，如果没有电压，电流就不会流动。

"好了，这下应该大功告成了。"喻小电将升级完毕的武器启动，超导计算机立刻精确计算出"敌人"的位置，设计好了炮弹发射的轨迹。电九教授带领工作人员连接电线，向武器注入能量。电五教授则亲自调节超导变压器，将发射电压控制在合理的范围之内。

"瞄准——发射！"随着一声巨响，炮弹落到了邪恶电球的基地，邪恶电球来不及准备，只能急忙撤离。"我们再发射一次，将他们的主要武器摧毁，就可以派遣研究人员前去回收超导体了。"电五对喻小电说道。

"好，我们一鼓作气战胜敌人！"说完，喻小电对着超导计算机屏幕开始操作，很快锁定了目标。喻小电三人又重复了上一次的操作，炮弹稳稳落下，摧毁了"敌人"的武器，一时间大家爆发出了热烈的欢呼声。

武器启动后，邪恶电球落荒而逃。

▲ 邪恶电球落荒而逃

第六回 "超导体"做成的秘密武器

电工星的电球特工们乘坐超导磁悬浮列车很快便带回了被抢走的那部分超导体。超导体安排妥当后,电五回到办公室,拿出了信物递给喻小电:"谢谢你,小英雄。"

喻小电不好意思地笑了笑:"其实我很想利用电学知识保护身边的人,如果有一天我真的能成为科学家就好了。"

"你一定会的!"电九和电五异口同声地说。

任务达成,电九和喻小电乘飞船离开了电工星。坐在飞船上,喻小电打量起手头上已有的五块拼图。"这块向外凸,……找到了!这块是向内凹的。"喻小电试图把这两块拼图拼在一起,成功了!先前的猜想得到印证,喻小电有些激动。

"看来每块信物上的图案并不是随机的,而是相互关联的。那最后会拼出一幅怎样的图片来呢?"喻小电好奇起来,对后面的探险也更加期待了。

▲ 拼图五

• 小问题

1. 超导体的电阻特点是什么呢?（　　）

A. 电阻超级大

B. 电阻超级小

C. 电阻为零

【答案】C。

【解析】见本章第七自然段：超导体是指在特定温度以下，电阻会变为零的物质。

2. 如果把一块超导体放在一个磁铁平面上，会发生什么事情呢?（　　）

A. 被吸住

B. 悬浮起来

C. 没有特殊现象

【答案】B。

【解析】见本章第十一自然段：超导体会将磁场完全隔绝在外，这就相当于超导体对磁场有一种强烈的抵抗特性，我们把它称作排斥力。所以，如果把一个超导体放在一个磁场中，它就会被推离磁场，甚至可以悬浮在空中。

踏上"电磁探测"寻宝之旅

经过漫长的星际航行,应电星已经近在眼前。这代表旅途已经过半,喻小电回家的希望更大了。

应电星有一个蓝色的主星,主星周围有一圈黄色的星环。主星上有许多密密麻麻的图案,他曾经在电教星见过类似的图案,电九说那是电路图。"难道这整个星球都是电路?"喻小电猜道。星环上也有各种奇奇怪怪的图案,这些图案正是喻小电在电教星上学到的各种电路元件的电路图符号。

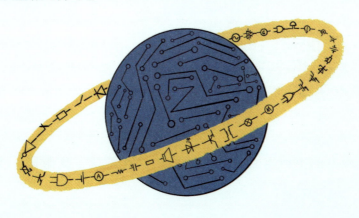

▲ 应电星

随着飞船逐渐下降，喻小电终于看见了应电星的大地。无数元器件样子的大楼立在大地上，白色的线路就像高速公路一样连接着各种元器件楼。楼和楼之间挨得很近，各种小路也以一种奇妙的秩序感并行、相通。

飞船最终停在了一个芯片中央。有无数的线路汇聚在这片区域，许许多多的电球在这里忙碌着。

喻小电和电九走进了一栋黑色房子，在说明来意后，一位电球带他们来到了教授办公室。

一开门，只见一摞摞的文件铺满办公室的地面，整面墙都被改造成了书架，书架也被文件夹塞得满满当当。座位上坐了一位戴着厚厚眼镜的电球，这就是应电星的教授，电四。

◀电四戴着厚厚的眼镜坐在办公桌前，办公室内到处是文件

奋笔疾书的电四看到有人来了之后，连忙扶了扶眼镜，坐直了，腰间发出"嘎嘣嘎嘣"的声响。

简单的寒暄过后，电四说出了信物的获取方法："信物被我埋藏在地下，我这里有一个含有二极管的电路，如果你能把这个电路中的小灯泡点亮，我就把信物的具体位置告诉你。"电四从背后的书架上抽出来一张图。

"二极管？就是那个像闸门一样，只允许电流从一个方向通过的元件吗？"听到熟悉的名词，喻小电一边接过图一边迫不及待地问。

"是的，看来你的理论知识很扎实。"电四露出了欣慰的表情。

"老四，这孩子在电教星获取我的信物时已经接触过二极管了，看来你的信物我们也是势在必得呀。"电九一脸骄傲，一副炫耀自己孩子的姿态。

电四不急不慢地开口："别着急，我的图可不是只有二极管，还有许多晶体管。不过这张图的重点是二极管，需要你根据晶体管的特性调整二极管的摆放方向。至于晶体管的特性，你可以让老九给你介绍。"

说完，电四伸了个懒腰，又坐回到位置上，继续奋笔疾书。

"如果说二极管是只朝一个方向打开的闸门，只允许电流从一个方向通过，那么晶体管就是加了一个控制室的闸门，这个控制室可以控制水流的流量大小。"电九生动形象地讲解道。

"那我们为什么不直接用二极管控制电路，而要用晶体管呢？"

"晶体管的优点是可以用较小的电流或电压来控制更大的电流或电压。这是我们日常生活中非常有用的一个特性，比如我们家里的灯泡电压很高，不能直接用手来操作，但是我们可以利用晶体管在很低的电压下控制更高电压的灯泡。

"二极管在电路中只能处于'打开'或者'关闭'二者中的某一

种状态，无法灵活控制。而晶体管可以通过控制，在'打开'和'关闭'这两种状态之间来回切换，功能更加灵活。"

听完电九的科普，喻小电感觉似懂非懂，但还是跃跃欲试地将目光转向了电路图。

小知识

电路图：电路图就是用来展示电路中各个元件是如何连接起来的图纸。它就像是电路的一张"地图"，帮助人们理解电流的走向以及各个元件之间的关系。

在这张"地图"上，你可能会看到各种各样的符号，它们代表电路中的不同元件，比如电池、电阻、开关、灯泡等。这些符号通过线条连接在一起，表示电流是如何在这些元件之间流动的。

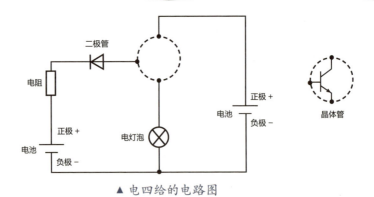

▲ 电四给的电路图

小提示 你能发现电路中的问题吗？试着改一改，并思考晶体管应该如何放入电路图中。（提示一下：电流会从电池的正极流出，从负极流入。）

第七回 踏上"电磁探测"寻宝之旅

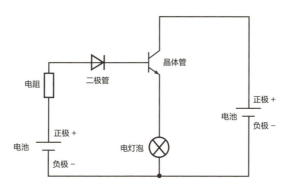

▲ 修改后的电路图

喻小电对二极管已经很熟悉了，很快便发现这里的二极管装反了。虽然对晶体管不怎么了解，但喻小电还是大胆地按照自己的想法将晶体管放到了电路图的空缺里。

喻小电将更改完毕的电路图递还给电四，电四扫了一眼，眼中有几丝惊喜，但他并未多说，只是履行承诺，报出了信物的具体位置。

喻小电和电九乘着飞船，快速赶往信物所在地。

"可是电四教授并没有仔细说信物在地下的位置，我们能顺利找到吗？"喻小电有些担忧地问道。

"当然可以，我们可以用雷达进行电磁探测。"电九信心满满地说。

"电磁探测？这是什么？"

"这种神奇的技术的原理来源于神秘的夜间生物——蝙蝠。我们知道，蝙蝠是一种昼伏夜出的生物，那么你有想过它为什么能够在黑夜里飞行，而不至于撞到障碍物，例如树林或房屋吗？"

"我猜是因为它们的眼睛非常特殊，能在黑暗中看到物体！"喻小电激动地说。

53

"几千年来人们也都这么认为。直到科学家发现，蝙蝠的嘴能够发出一种我们听不见的声音，这声音每秒钟振荡的次数已经超出人类耳朵所能感觉的范围，所以我们把它称为超声波。"到达信物所在地，电九不慌不忙地掏出一个小箱子，边整理边说。

"蝙蝠的听觉器官很特殊，它能感觉到这种超声波。当它在黑暗中飞行的时候，嘴里常常发出超声波。超声波在某一个方向遇到了障碍物，就立刻从那个方向反射回来，其中有一部分反射到蝙蝠的耳朵里，它便知道在那个方向有障碍物，于是及时躲开。也就是说蝙蝠利用超声波反射的特性来规避障碍。

> **小知识**
>
> 反射：当我们对着墙壁打乒乓球时，乒乓球会反弹回来。当声波、电磁波或者其他形式的波碰到物体表面时，也会发生类似的事情。它们会"弹回"，这种现象就叫作反射。

"基于这样的原理，科学家们发现，电磁波和声波一样都是具有反射特性的。电磁波的穿透性更好，于是研制出了雷达，对目标发射电磁波并接收反射回来的波，由此计算出目标至电磁波发射点的距离、方向、高度等信息。"电九左手拎着箱子，右手举着金属探头在地面扫描。

"这就是你说的那个雷达吗？蝙蝠不是在空气中发射超声波吗？

地下也可以利用同样的原理吗？"喻小电满脸困惑。

"你问得很好。上面我介绍的雷达是利用电磁波进行探测的。电磁波有很强的穿透力，可以穿过空气、云层、植被、土壤以及一些构造物质。雷达可以应用于多种不同的场景，其中就包括探地雷达。当电磁波穿过地下物体时，由于不同物质对电磁波的反射等特性不同，因此，探地雷达的工作原理是根据不同物质的特性，通过分析反射信号来确定地下物体的位置、形态和材质。"

很快，利用电磁探测技术，喻小电和电九找到信物的埋藏位置，利用飞船自带的挖掘工具，顺利拿到了一张拼图。二人正准备上飞船，驶离地面时，接到了电四的通信请求。

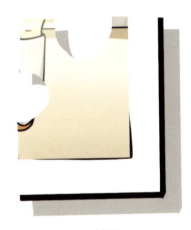

▲ 拼图六

电四说："你们记得来我的办公室拿两套高电压绝缘服。"

电九一拍脑门，连呼"忘了忘了"，道了声谢，飞回电四办公室拿了两套高电压绝缘服。说是服装，不如说是一层膜，把全身包裹住后按一下按钮就会变成最合身的形态。就这样，他们继续驶向下一个星球。

• 小问题

1. 电磁探测是用什么来实现的呢？（　　）

A. 超声波　　　　B. 电磁波
C. 乒乓球　　　　D. 蝙蝠

【答案】B。

【解析】见本章倒数第六自然段：电磁波和声波一样都是具有反射特性的。电磁波的穿透性更好，于是研制出了雷达，对目标发射电磁波并接收反射回来的波，由此计算出目标至电磁波发射点的距离、方向、高度等信息。

2. 判断：晶体管只能控制电路的通断。

【答案】错误。

【解析】见本章第十七自然段：二极管在电路中只能处于"打开"或者"关闭"二者中的某一种状态，无法灵活控制。而晶体管可以通过控制，在"打开"和"关闭"这两种状态之间来回切换，功能更加灵活。

第八回

穿越云层中的"高电压"

飞船很快就来到了高电压星。远远望去,这颗星球整体为黄色,星球表面氤氲着一层淡黄色的云层,地面上的建筑物高低起伏,令人感觉到一丝危险的气息。

▲ 高电压星

随着距离越来越近，喻小电惊奇地发现这所谓的黄色大气，竟然是无数黄色闪电编织在一起形成的景象，好像一堵密不透风的墙，隔绝着一切来自外界的窥探。

"电九教授，我们会被雷电劈到吗？"喻小电担心在强磁星上的事故重演。

电九拍了拍胸脯说道："相信我，虽然飞船会被劈到，但飞船里面不会受到影响。因为我们的飞船有一层防护罩，可以隔绝一切雷电，这就叫作绝缘体。"

"绝缘体？"喻小电好奇地问道。

"是的，绝缘体是一种能够阻止电流通过的东西。在我们的飞船外壳上涂的材料就是绝缘体，这样就能隔绝电流了，包括雷电。所以，即使飞船被雷电劈中，飞船内部也不会受到影响。"电九解释道。

"我明白了，就像电线外面包裹的那层橡胶一样，它们隔绝了电流。"喻小电托腮，若有所思地说道。

"没错，绝缘体在我们的生活中有着广泛的应用，它们可以在我们使用手机、电视等电器的时候保护我们。只要有它在，电器里的电流就伤害不到我们。"电九满意地点了点头。

在穿越黄色闪电的过程中，喻小电逐渐安心下来。他开始相信电九的话，并且对绝缘体的神奇作用产生了浓厚的兴趣。

穿过狂暴的雷电大气后，闪电逐渐减弱，喻小电也终于看到了高电压星的摩天大楼。闪电大气中时不时劈下闪电，但总会劈到大楼顶端尖尖的针上，其他位置不会受到一点影响，电九说那是避雷针。

第八回 穿越云层中的"高电压"

小知识

避雷针：避雷针虽然叫"避雷"，但却不是躲避雷电的针。恰恰相反，它会自动吸引雷电来劈它。避雷针一般在建筑物最顶端，它很高，且顶部尖尖的，就是为了吸引雷电去劈它。它的底部通过长长的导线与大地相连，把雷电引到大地中去。这样，建筑物就不会被雷直接击中，也就保护了建筑物。

▲ 高塔与避雷针

飞船最后停在了一座六十层高塔楼的楼顶，一群电球正在楼顶等候。站在最前面的电球造型比较独特，他的两只触角间时不时会有电流闪过，旁人都离他远远的，好像怕被电到。"欢迎来到高电压星，异世界的客人，我是电三教授。

"想必你们是为了我的信物而来的吧。我的信物就保存在这个星球电压最高的地方，也就是这座塔楼的顶端。"电三指了指身旁最高的一座塔楼。站在六十层塔楼的楼顶，居然都望不见这座塔楼的顶端，看来信物几乎存放在了雷电交加的云层中。而通往塔楼顶端的路线看起来只有环绕着塔楼外侧的楼梯这一条路。

"这么多闪电，我们爬上去岂不是要被电？"喻小电忍不住发问。

"不用担心，你们可以利用这个法拉第笼穿过这些闪电。"电三从身后推出一个巨大的铁笼子。

"法拉第笼？这是什么？"喻小电好奇地问道。

电九拍拍铁笼子说："这可是一个好东西，别看它只是一个普普通通的铁笼子，它可是能很好地保护你不被电到哦。当闪电击中笼子时，会给笼子表面带来一种物质，我们把它叫作电荷。电荷有两种，分别为正电荷和负电荷。当笼子外面有电荷时，法拉第笼的表面会出现大小相等、性质相反的电荷，这样电荷就在笼子上抵消了。人体与笼子之间不存在电压，在笼子里也就不会被电伤了。"

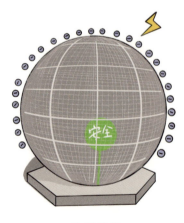

▲ 法拉第笼

"也就是说，我们需要钻进法拉第笼里，从而到达塔顶吗？"喻小电说道。

"没错，我们可以在安全的地方用飞船把笼子吊起来，在危险的区域慢慢地放下去，穿过闪电网，从而安全到达塔楼的顶端，这样也不用费劲爬楼梯了。"电九回道。

"那我们还等什么，快点行动吧！"他们俩迅速地把自己的装备和仪器放进法拉第笼里，然后钻了进去，锁上了笼门。

飞船开始自动驾驶，缓缓地升空，把法拉第笼吊起来，向着塔楼的方向飞去。喻小电紧张地盯着窗外，看着闪电网越来越近。他们听到了一阵阵刺耳的电流声，看到了一道道耀眼的电光在法拉第笼的表面跳跃。他们感觉到了一股股冲击力，法拉第笼在冲击力的作用下不断晃动。他们甚至闻到了一股焦糊的味道——是法拉第笼的表面被高温烧焦了。

"教、教授，这个法拉第笼真的靠谱吗？"喻小电看着发黑的笼子，不禁害怕起来。

"放心，小电，趁着这段时间，与其担惊受怕，不如安心观察闪电的有趣现象。等你回到你的世界可就看不到如此壮观的景象了。"

喻小电渐渐沉下心来，欣赏周围的景色。轰鸣的响雷如奏乐，霹雳的闪电如伴舞，法拉第笼上布满的电荷好像搭建起的舞台。喻小电渐渐沉迷在这壮丽的景象中了。

▲ 闪电

不久,两人来到塔顶,看到了一个灰色的绝缘体箱子,想必信物就装在其中了。两人在塔顶合力拿到信物之后,按照原路返回到了电三的身边。喻小电脸上还泛着兴奋的红晕,他感叹道:"电三教授,闪电云层里的景象太美了!我好想再去探索一番!"

电三微微笑了笑,轻轻点了点头。

拿到了电三的拼图之后,喻小电发现这张拼图是一栋大楼的一部分,还没想明白拼图的位置,二人就登上飞船,赶往下一个星球——电力星。

▲ 拼图七

第八回 穿越云层中的"高电压"

电三看着快速远去的飞船逐渐化作一颗流星消失,喃喃道:"孩子,电气的世界,比闪电云层更美呢。"

• 小问题

1. 下列哪个装置能够隔绝闪电?(　　)

A. 法拉利笼　　　B. 法拉第笼　　　C. 绝缘体

【答案】B。

【解析】当笼子外面有电荷时,法拉第笼的表面会出现大小相等、性质相反的电荷。电荷在笼子上抵消,人体与笼子之间不存在电压,在笼子里不会被电伤。

2. 判断:绝缘体可以阻止电流通过。

【答案】正确。

【解析】绝缘体是一种能够阻止电流(包括雷电)通过的物体。只要有它在,电器里的电流就伤害不到我们。

第九回

"储能"带来的稳定灯光

电力星是一颗浑圆的星球,周围没有卫星和星环,飞船起飞和降落想必容易得多。远远看上去,地面上不知有什么装置,会反射碳中和恒星的蓝白光芒,让喻小电睁不开眼。

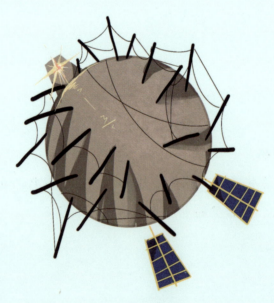

▲ 电力星

第九回　"储能"带来的稳定灯光

在真正降落到这颗星球上之后，巨大的风车和光伏发电板将喻小电震撼住了——整个星球的能量来源居然都是风能和光能。交织相错的输电线在城市中穿行，高低起伏好像过山车轨道一般，最高的轨道居然比一栋楼房还高。而每根线的粗细也不同，最细的线只有一根手指宽。

飞船缓缓停在了一个圆柱形建筑的顶部。

"你们好，欢迎来到电力星。"这个电球捋了捋自己的一根触角，和电九与喻小电打了声招呼。

▲ 电二捋着自己受伤的触角，表情有些害怕

"电二，你这触角怎么回事？"电九一下飞船就上前关切地问道。

"你也知道，我们使用风能和光能发电太不稳定了，缺少能量的时候几乎整个城市都要断电"，电二还有点后怕的样子，"当我准备对我们所有的输电线路进行升级的时候，有一段线路出现了意外，发生了强烈的能量振荡，我就变成现在这样了。

"我的信物暂时被用于缓解这段线路能量不稳定的情况，如果你

65

们要拿走信物，必须先找到维持能量稳定的方法。"

喻小电感觉有点棘手，一时间毫无头绪，便求助电九。

"风力发电就是风吹动叶片旋转发电。风越强，发电越快；风越弱，发电越慢。因为风的强弱是不稳定的，所以风力发电是不稳定的"，电九解释道，"我们去星球上实地考察一下吧，看看能不能找到解决方法。"

在电力星，许多区域电能充足。但是在发生意外的这段线路中，大部分需要电能的设备在短时间内同时启动，会使该区域需要的电能突然升高。同时，喻小电发现，在之前的故障报告中，也发生过风力发电不够，导致这个区域供应的能量不足的故障。

喻小电对电九说："好像整个星球的电能'没有反应过来'，最后导致这部分区域发生强烈的能量振荡。"

电九点了点头，微笑着问道："那怎么样才能让每个区域快速获取需要的电能呢？"

小知识

电能：电能是一种能量，就像我们吃的食物可以给我们提供能量一样。不过，电能是电流流动时所产生的能量，通常用来驱动各种电子设备。电能让设备工作起来，比如电视可以播放画面，电脑可以运行程序。

喻小电回想起来他在聚变星探险时，发现那里的工作人员会把聚变发出的能量收集起来进行研究。那在电力星，可不可以把多余的电

第九回 "储能"带来的稳定灯光

能储存起来,等到系统发生能量振荡的时候来使用呢?

"我想到了!我们可以制作一个装置,把多余的电能储存起来!"

"哈哈,看来你也想到了。为了解决这个问题,我们可以采用一种叫作'储能'的技术。

▲ 电池柜

"聚变星上储能的目的是长期储存聚变产生的能量。这里的储能本质上也是一样的,不过是暂时储存,就是将多余的电能储存起来,以备风速低的时候使用。我们不是只在一个区域设置储能装置,而是在每个区域都设置一个储能装置,这样,电能才能来得更'快'。"电九解释道。

"储能装置就像你的存钱罐一样,爸爸妈妈给的零花钱就像是产生的能量。假如你每天都要花钱,零花钱多的时候,你就能把多的那部分存进存钱罐;当零花钱不够时,你就要花存钱罐里的钱了。而储

67

能装置作为电能的'存钱罐',可以将多余的电能储存起来,等到风速低的时候,或者需要的能量突然增大的时候再释放出来,维持电能的稳定。那我考考你,光伏发电应该怎么保持稳定呢?"

小知识

光伏发电:光伏发电是一种利用光能产生电能的技术。简单来说,就是通过光伏发电板将光能转换成电能。当光照射到光伏发电板上时,光伏发电板里的特殊材料会吸收光中的能量,然后将其转换成电能。这样,我们就可以在家里、学校或其他地方使用这些电能了。

▲ 风力发电、光伏发电

"使用电能'存钱罐'可以保证风力发电的稳定性",喻小电低头思考了一会儿,"我明白啦!光伏发电的稳定性问题也可以用'存钱罐'解决!"

第九回 "储能"带来的稳定灯光

电九听到后,挑了一下眉毛,问道:"说说看为什么呀?"

"光伏发电的稳定性主要取决于光",喻小电指了指天上那颗蓝白色的星球,继续说道,"我们也可以采用'存钱罐'将光能发出的多余的电储存起来,等到黑夜或者天气不好的时候使用。"

喻小电将"存钱罐"理论告诉了电二,电二很快便组织起来了一个施工队,开始建造储能装置。不一会儿,一个连接了附近楼房的圆柱形储能装置就建好了,同时,更多的储能装置正在修建当中。电二便切断了这几栋楼房与信物的连接。

一阵闪烁之后,电力恢复正常运转,每座楼房里的电灯不再一会儿亮一会儿灭。电二微笑着摸了摸自己受伤的触角,将信物交给了喻小电,语重心长地说:"这些知识可能会在未来发挥作用,一定不要忘记呀。"

这张拼图上画着一个人的上半身,但看不出来更多信息了。"好的,教授,再见!"在喻小电的道别声中,他们越过风力发电机和光能电池板,驶向下一颗星球。

▲ 拼图八

• 小问题

1. 下面物品主要用于储能的是（   ）。

A.电池   B.太阳能板   C.电动机   D.电热毯

【答案】A。

【解析】电池通过储存的电能来驱动各类电子设备。太阳能板将太阳能转换成电能；电动机和电热毯将电能转换成其他能量。

2. 光伏发电是将（   ）转换成（   ）。

【答案】光能、电能。

【解析】当光照射到光伏发电板上时，光伏发电板里的特殊材料会吸收光中的能量，然后将其转换成电能。

第十回

恢复旋转的"电机"

电机星快到了,旅程接近尾声了。

喻小电感到有些紧张,又有些不舍。在电气宇宙的旅行,让他学到了这么多知识,他还没有好好感谢这些教授们。

电机星的模样很奇怪,它分为三部分:中间部分缓慢旋转,内部深邃而又神秘,一般把它称为电机星的主体;两端好像两颗卫星,但一直静止在宇宙中。

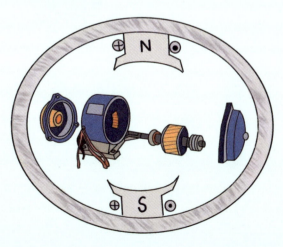

▲ 电机星

"电机星怎么感觉不大对劲呢。"电九看着电机星皱眉说道,然后加速向电机星驶去。

飞船直接飞到星球的主体部分。还没下飞船,喻小电就能明显感觉到大地正在震动,还发出"嗡嗡"的地鸣。

来来往往的电球有的抱着电压表,有的抱着磁铁,看起来就像一大片工地。终于,喻小电看到场地中间有一个正在发号施令的电球,想必这就是电大教授了吧。果然,见到他们前来,这个电球停下手中的工作,快步向他们走来。

▲ 许多电球来来往往,各司其职

"大哥,电机星怎么回事?为什么星球震动得这么厉害了?我刚才从外太空看,觉得不大对劲,星球转动的速度好像慢了不少。"

这个电球就是电机星的教授——电大。电大听到电九的询问,略带遗憾地说道:"其实电机星的震动持续比较长的时间了。一开始我们以为影响不大,但是如今震动加剧,导致星球转动的速度变慢。如果最后星球停止转动,昼夜不再交替,我们将难以在星球上继续生存。"

第十回 恢复旋转的"电机"

电大握了握喻小电的手，说道："这里是你的最后一站了吧，前面你也应该学到了许多知识，就让电九教授协助你，前往星球内部的电机核心，解决这次电机星的危机吧。震动一停，我就把信物给你，亲自带你去开启异世界传送门。"

喻小电感受到了电大的真诚和急切，他答应了电大的请求，为了自己能回家，也为了电机星能够回归正轨。

"电大，我想和你一起解决电机星的困难，你可以先教教我电机星的基本构造吗？"喻小电问道。

▲ 电机内部简化示意图

"我们的星球是一台巨大的直流电动机，静止不动的卫星部分，我们称为'定子'，包括直流电源、巨大的励磁线圈和外壳；而中间旋转的部分我们称为'转子'，包含金属部分和线圈。它很像你们异世界里的电风扇，风扇底座和外壳是定子，而旋转的叶片就像转子。"电大擦了擦汗，沉稳地说道。

小知识

电动机是一种利用电能使物体旋转起来的装置，它有许多种类型。以电机星所属的直流电动机为例，当电流通入转子线圈时，这些线圈会在定子磁铁的影响下受到力的作用，让转子转动起来。许多装有电池的玩具车、小风扇中就有这样的直流电动机。

"那静止的电源和转子线圈之间是怎么联系起来的呢？电流是怎么从电源跑到线圈里去的呢？"喻小电提出了疑问。他冥冥之中感到，可能这个连接部分就是这一次电机星发生问题的关键。

"这一个连接部分我们把它叫作'电刷'。"

"电刷？是一种用电做成的刷子吗？"

"我来给你介绍一下，电刷由两片柔软的石墨构成，它的一端与电源相连，另一端可以使电流顺利地传输到转子线圈上。这就像一道桥梁，连接电刷两端的元件。"

电大停了停，看着喻小电有些迷惑的眼神，想了想，继续说道："电刷对于直流电动机来说十分重要，它负责将电能稳定地传输给转子。如果电刷与转子接触不良或者出现故障，电流就可能会断断续续，那样电动机就不能好好工作了。"

"电流断断续续！"喻小电捕捉到了电大话里的一个关键词。他们来到电机星后就发现，电机星的震动时而暂停，时而出现，好像有某种规律。

第十回 恢复旋转的"电机"

"电大,电机星的震动会不会是由于电刷出问题,导致电流断断续续,转子不能稳定转动呢?"

电大教授也是一愣,不禁暗暗赞赏喻小电的知识消化能力:"我们之前好像没有检查过电刷的情况,只是检查了定子和转子,没有发现问题。小电,那我们一起去看看到底是不是电刷的问题吧!"

喻小电和教授们来到星球的内部,他们开始检查电机的转动情况。果然,他们发现这次的异常是由于电机星的核心构件之一——电刷出了问题。电机星的电刷在长期运行中发生了错位、磨损的现象,时不时还有火花产生,导致了转子的旋转速度不稳定。

> **小知识**
>
> 直流电机的电刷是石墨做的,就跟我们用的铅笔笔芯一样。它随着转子的转动不断磨损,因此过段时间就要维护或者换掉这些电刷,否则它与转子的连接就会失效。

"哎,我这个电刷可是前不久刚更换的呀,怎么磨损得这么快!"电大摇了摇头,边叹气边说。

喻小电正在帮助电大更换电刷,他想道:"电刷的磨损速度比较快,需要经常更换,有没有一种方法可以不用电刷,直接控制转子中的电流呢?"

突然,他想到了在应电星学习过晶体管的构造,那么是不是可以用晶体管代替电刷发挥控制转子转动的作用呢?

他立马和电大展开交流，这个新奇的想法得到了电大的认可。电大迅速召集在场的研究人员一起讨论，画出了改造图纸。这种新的电机通过传感器和晶体管来改变转子中的电流，使电机旋转。

"我们就把这种电机称为无刷直流电机吧。"电大骄傲地说。没有了需要经常更换的电刷，其相比原来的电机寿命更长，效率更高。

终于，经过一天一夜的改造，喻小电和电大让电机星停止了震动，转子的转动速度也恢复了正常。

"原来我学到的电气知识之间有这么强的关联性，可以解决这么多难题。"喻小电心想。

在喻小电背后，电大与电九相视一笑，满意地点了点头。他们看着眼前这个孩子，心里有着欣赏，也有着期待。

电大拿出了最后一块拼图，上面是一张人脸。"这，难道是之前电气学院的学长给我的照片上的那张脸吗？"电九不等喻小电回忆清楚，便拉着喻小电的手上了飞船，将飞船启动，向着碳中和恒星的方向开去。喻小电还没来得及仔细看，就在飞船的高速行驶中吓得闭上了眼睛。

▲拼图九

• 小问题

1. 电刷是定子的一部分。那么电刷的作用是（　　）。

A. 连接电源与转子
B. 连接定子与转子
C. 连接电源与定子

【答案】A。

【解析】电刷由两片柔软的石墨构成，它的一端与电源相连，另一端可以使电流顺利地传输到转子线圈上。它就像一道桥梁，连接两端的元件。

2. 下列选项中不属于电动机的组成部分的是（　　）。

A. 定子　　　　B. 转子
C. 电刷　　　　D. 燃料

【答案】D。

【解析】静止不动的部分称为"定子"，包括直流电源、巨大的励磁线圈和外壳；中间旋转的部分称为"转子"，包含金属部分和线圈。电刷的一端与电源相连，另一端可以使电流顺利地传输到转子线圈上。燃料供给电动机能量，但不是电动机的组成部分。

第十一回

电气星系的最后一站

距离那颗蓝白色的碳中和恒星越来越近,喻小电发现,那颗碳中和恒星竟然是一颗真正的"电球",蓝白色的闪电密密麻麻地交织在一起,耀眼的光芒照亮了这一方宇宙。

靠近闪电碳中和恒星的地方,有一个小小的平台,电大和电九带着喻小电来到平台的中央,九张信物被喻小电紧紧攥在手心。他发现所有星球上的教授居然都聚集在此处。电二依旧揉着那根折了的触角,电三脸上始终挂着微笑,电四时不时就推一推他那厚重的眼镜,电五还是板着一张脸,电六戴着他那副夸张的墨镜嘴咧得大大的,电七叉着腰好像很欣慰的样子,电八依旧是那种轻松的神态。

第十一回　电气星系的最后一站

▲ 电球集合

电九这时开口了："喻小电，感谢你帮助我们解决困难，这段时间你在电教星学习二极管，在电磁星使用质子刀，在强磁星了解核磁共振，在聚变星控制核聚变，在电工星夺回超导体，在应电星修正电路，在高电压星穿过闪电云层，在电力星稳定灯光，在电机星拯救震荡的电机。希望你这一路上的收获能陪伴你实现未来的梦想，我相信你一定可以成为科学家的！"

电大和电九也和其他教授们站到了一块儿，九个电球齐齐发出光芒，九张信物也像活了一样，从喻小电手里飞出，拼在了一起。他们发出的光芒照射到信物上，信物开始轻微晃动，连带着整个星球也在以相同的频率晃动，好像他们之间发生了共振。

▲ 喻小电被九位电球教授包围

"小电,知识的力量是无穷的。你的知识必将和你的梦想发生共振!"各位教授一齐说道。

碳中和恒星这时发射出了一道光束,平台上的喻小电感觉自己飘浮了起来,整个人飞向那束光。

"感谢各位教授的信物!我应该怎么报答你们呢?"喻小电心中十分感激,却难以用言语表达。

九块拼图逐渐合而为一,上面出现的图像居然似曾相识。首先拼成的是图片的背景。这好像是一栋大楼,而大楼的上方赫然写着"电气与电子工程学院"的字样。"难道真的是那一张学长寄给我的照片?"喻小电心想。

▲ 九块拼图合并,被强光包围

第十一回 电气星系的最后一站

　　随着剩下的拼图组合在一起，照片中央出现了一个人影，人影的面孔慢慢浮现，不是学长的模样。喻小电有些失望，但也猜测起这个人影的身份。突然他发现这个人影好像在眨眼，他一惊，想伸出手去触摸，没想到这个人影居然也抬起了手！这可把小电吓得不轻。他刚想询问教授们，却发现教授们的身影已经消失不见，下一瞬他就被光束包裹，只听到耳边传来"咔嚓"一声，同时一个声音传来："你是被电气认可的孩子，这本来就是你的东西呀！"电九挥手告别道。

　　喻小电还没来得及回应，就在一阵强光中失去了意识。

第十二回

电气学院和星系的交织

喻小电又在迷迷糊糊中睁开了双眼,这次迎接他的不再是电气星系中神奇的景象,而是自己熟悉的房间。桌面上一片湿润,是他刚刚趴在桌上睡着时流下的口水。

喻小电动了动手臂,才发现自己的右手已经被压麻了。他直起身来,看到左手还攥着学长与电气大楼的合照。

▲ 喻小电趴在桌子上睡着了

"难道那一切都是梦吗？"喻小电忍不住怀疑起来。现在身旁的一切都是如此寻常，刚刚在电气星系的神奇经历，就像自己是在阅读回信中途不慎打了个小盹，才在梦中与那些性格迥异的电气教授打上了交道。

喻小电将照片拿起来，他惊奇地发现照片上的主人公居然和自己那么相像。虽然看起来比现在更成熟自信，但喻小电还是不禁怀疑这就是长大后的自己。

"刚刚的一切都不是梦！一定还有什么能证明电气星系的存在。"喻小电这样想着，努力平复心情，拿起学长的回信继续阅读。

有了在电气星系的经历，那些关于华科大电气学院的介绍，由原来的晦涩深奥一下变得活泼生动。

"……我们学校电气专业包含'五系三所一中心'，五系分别是电机及控制工程系、电力工程系、高电压工程系、应用电子工程系、电工理论与电磁新技术系；三所分别是聚变与等离子体研究所、强磁场技术研究所、应用电磁工程研究所；一中心指电气与电子工程学院实验教学示范中心……"

读到这，喻小电感受到自己的心跳不受控制地加快。

他开始回想电气星系的九大行星。"电机星、电力星、高电压星、应电星、电工星、聚变星、强磁星、电磁星，还有电教星！对应上了！"喻小电更加坚定了自己的判断。

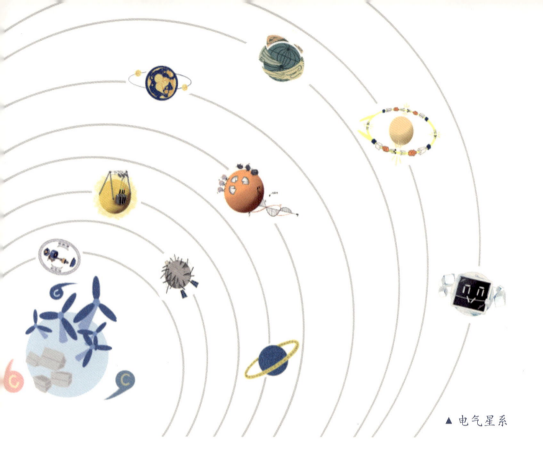

▲ 电气星系

"……我最近都在电气学院的实验教学示范中心做电路测试实验，天天与各种仪器打交道。我可喜欢实验教学示范中心的老师们了，他们都很年轻，而且在掌握扎实知识的同时还能灵活运用。"

喻小电的脑海里浮现出电九那张活泼可爱的脸，这位平易近人的教授可是全程指引陪伴他回到了现实世界。

▲ 电九

第十二回　电气学院和星系的交织

"……电气的世界是瑰丽多彩的，电气知识也有很多实际的作用，一封信远远说不完，这是我在科学世界中具体探寻的方向。希望我的回信能够驱散一些你对未来的迷茫，也祝你能够早日找到自己对于科学的具体追求的方向。"

读完回信，在电气星系的奇妙经历与学长关于华科大电气学院的描述重合在一起，喻小电久久回不过神来。他已然窥见电气世界的瑰丽奇妙，但这仅仅是冰山一角。

喻小电注意到几年前自己在墙面上贴下的便利贴："我要当科学家"。这是他的人生追求，也引发他无数的迷茫。但此时此刻，再看到这个目标，喻小电想到自己在电气星系每一个星球上学习到的知识、攻克的难题，好像成为科学家也没有那么困难。喻小电心中埋下的那颗种子开始生根、发芽。

喻小电将墙上的便利贴揭下，重新写下一张便利贴："我要当一名电气工程师"。他将这张便利贴小心翼翼地贴回原来的位置。无论自己在电气星系的经历是不是梦境，现实中的自己都已经下定决心，将未来投入对电气世界的学习与探索中。

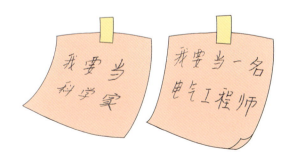

▲ 喻小电写下的便利贴

第十三回

电气的认可，注定的相遇

之后的数年，喻小电时刻谨记九位电球教授对他的教诲与期望，珍藏着从电气星系学来的知识，同时凭借自己的努力，不断学习掌握新的知识与能力，朝着自己的目标一步一个脚印前行。

功夫不负有心人，喻小电顺利考入华中科技大学的电气工程及其自动化专业。

报到那天，喻小电拖着行李箱，在导航的指引下，先来到了电气大楼。

▲ 喻小电第一次来到电气大楼

第十三回　电气的认可，注定的相遇

过去几年中，喻小电无数次期待着自己与电气大楼的第一次会面。当这一天真的到来时，喻小电按捺不住自己的激动欣喜。几年过去，喻小电已经成长为大人的模样，成熟而自信。但岁月仿佛并没有在电气大楼这栋建筑上留下痕迹，它仍和照片中一模一样。

办理新生入学手续时，喻小电意外地发现，自己的辅导员正是几年前在书信交流活动中给他写信的那一位学长！第一次见到喻小电时，学长似乎并不意外，他给了喻小电一个大大的拥抱，在他耳旁说道："我还记得你，被电气认可的孩子。"

"被电气认可的孩子？"这句话太过熟悉，记忆中有人对他说过一模一样的话。是的！这是离开电气星系前，电九教授最后对他说的话。

喻小电又惊又喜地看着面前的学长，有一种隐隐的预感，学长或许就是教授们口中的上一个异世界的来者。

看着喻小电期待的表情，学长却没再选择说下去。他拍了拍喻小电的肩膀，鼓励道："接下来的四年，好好加油呀。"

喻小电在电气学院的生活充实而快乐。一天，喻小电在学校网站上看到了与不同地区的中小学生进行书信交流活动的通知，他毫不犹豫地报了名。

在活动组织者的安排下，喻小电对接上一位女孩。不久后便收到了女孩的来信，信中说到她的成绩不好，不知道未来能不能考上优秀的学校。

喻小电认真斟酌着给女孩的回信。为了给她更多的信心与希望，他同之前那位学长一样，在电气大楼前拍下照片，打算随信一并寄过去。

"咔嚓"。

▲ 喻小电打印照片

在喻小电将照片冲洗出来的那一刻，他彻底愣住了。

"我好像在哪里见过！难道这是我几年前收到的那张照片？我穿着同样的文化衫，就连微笑都那么相像。难道这一切早已注定会发生吗？我真的是被电气认可的孩子吗？

"我在电气星系看到的拼图中的人影，难道是我自己？我真的看到了未来吗？我的学长难道已经知道了吗？"

多年前的那张照片不知被压在哪个箱底，虽欲求证却无迹可循。喻小电只能强忍激动将照片与回信一同塞入信封。随着信件在城市间流转，他

在心里也犯着嘀咕：这一次，这个女孩会进入电气星系，成为被电气认可的孩子吗？

附录　华中科技大学电气与电子工程学院简介

院系简介

华中科技大学电气与电子工程学院前身为华中工学院电力系，始建于1952年，1988年改称华中理工大学电力工程系，2001年建制华中科技大学电气与电子工程学院（以下简称"电气学院"）。电气学院坚持党旗领航，荣获"全国教育系统先进集体""湖北省教育系统先进集体"荣誉称号，学院党委是"全国党建工作标杆院系"。电气学院是国内电气工程学科领域实力最雄厚的教学科研单位之一，学院的电气工程一级学科是国家"985工程"建设学科，2017年入选国家首批"双一流"建设学科（2022年再次入选），在教育部历轮学科评估中均位列前三，最近一轮评估结果并列全国第一。2019年完成电气工程学科国际评估，评估结果显示学院的电气工程学科位于世界一流电气工程学科行列。

学院师资力量一流。电气学院有教授129人（其中院士3人），国家级人才56人次，国家基金委创新研究群体1个，国家级教学团队3个，教育部创新团队2个，科技部重点领域创新团队1个，已形成一支学术研究方向明确、研究力量均衡的高水平学术队伍。电气学院设有电机及控制工程系、电力工程系、高电压工程系、应用电子工程系、电工理论与电磁新技术系、聚变与等离子体研究所、应用电磁工程研究所、强磁场技术研究所和国家级电工电子实验教学示范中心（电工）、国家电工电子工科基础课程教学基地（电工）。

学院学科方向齐全。电气工程学科是华中工学院（华中科技大学前身）4个创始学科之一，自组建起就是全国重点高校中具有最完备学科体系的电气工程学科，先后获批全国首批硕士点、博士点、博士后流动站和国家一级学科博士学位授权单位。电气工程学科下设的5个二级学科均为国家重点学科，其中：

电机与电器、电力系统及其自动化、电工理论与新技术均为国家二级重点学科，电力电子与电力传动和电磁理论与新技术（含高电压与绝缘）为特色学科。本世纪初以来，提出并实施了"电气化+"学科交叉融合创新发展战略，形成了以"电力工程"与"强电磁科学与技术"为特色的电气科学与工程学科新体系，主要研究方向覆盖电能生产、传输、应用、变换、检测、控制和调度、管理的全过程，同时通过学科交叉融合，开辟了一批新兴前沿学科方向，如电能存储、先进电工材料与器件、强磁场、磁约束聚变、脉冲功率、加速器、等离子体医学、生物电磁与电磁医疗等。

学院具备国内最完备的电气学科创新平台。拥有1个国家重大科技基础设施、2个全国重点实验室、1个国家地方联合工程研究中心、1个湖北省重大科技基础设施，以及10个省部级重点实验室（工程研究中心），构建了"学－研－产"较为完整的科研平台体系。其中：脉冲强磁场实验装置是国内电气工程学科唯一的国家重大科技基础设施，实现了我国脉冲强磁场设施从无到有、从跟跑到领跑的跨越式发展；强电磁技术全国重点实验室聚焦新型电力系统和磁约束聚变等国家战略，实现强电磁装备与系统的自主可控；电能高密度转换全国重点实验室是国内首个面向航空航天领域电气化的国家级平台，催生电能装备的变革性技术与跨越式升级；拥有国内高校唯一的大中型托卡马克J-TEXT，是教育部认定的磁约束聚变人才培养与基础研究基地，因破裂研究的重要成果J-TEXT被ITER国际顾问委员会选定为破裂研究世界四大装置之一；拥有国内高校唯一的新型电机国家专业实验室，建有包含电力安全、新型电机、脉冲功率、舰船电力等方面的多个省部级重点实验室和工程研究中心。

学院坚持把人才培养的质量放在第一位。学院按电气工程及其自动化专业大类招生，形成了包括本科、硕士、博士、博士后完整的人才培养体系。学院在校本科生近1800人，高考录取成绩在华中科技大学名列前茅。在校研究生1400余人，90%以上来自于985和211大学。学院建有首批国家级实验教学示范中心1个、国家级教学团队3个、国家级实践教学基地5个、国家级课程15门（包括国家级课程思政示范课程1门、国家级一流本科课程7门、国家级精品课程4门、国家级精品共享课程3门）。2016年以来，学院两次通过工程教育专业认证，本科学位获得国际互认，2021年获评国家级一流本科专业。人才培养质量得到社会高度认可，企业每年在学院设立的社会奖学金过百万，面向学院毕业生的专场招聘会过百场，实现电气学生生活无忧、就业无忧。学生每年在省级以上竞赛中获奖超400人次，近五年获全国挑战杯特等奖、"互联网+"大赛金奖等奖项，涌现出一大批包括"全国大学生年度人物""中国青少年科技创新奖""中国大学生自强之星"在内的优秀学生代表。2018年和2022年连续两届获国家级教学成果奖。

学院承担了多批国家重要研究任务。以国家重大需求和学科发展前沿为牵引，牵头完成了国家973项目、国家重点研发计划、ITER计划专项、863计划专项、国家自然科学基金等多个重大重点项目。国家于2016年开始设立重点研发计划以来，学院承担的项目25项，另有课题38个。年均到校科研经费超过4亿元。十三五（2016）以来获得国家科技进步奖一等奖2项，二等奖7项，省部级科技奖励20余项。深化校地校企合作，与国内多家知名企业共建校地校企联合研究院（研究中心），如与国家电网共建未来电网研究院、与南方电网共建新型电力系统安全联合研究院。响应国家号召，开展高水平成果转化，把论文写在祖国大地上，在第四轮学科评估中，社会服务贡献指标名列本学科全国第一。

学院的学术交流活跃。多位教师在国内重大科技基础设施规划委员会、国家重大专项专家委员会、国际强磁场协会等重要科技咨询机构中任职。与美国普林斯顿大学、美国国家强磁场实验室、德国马普等离子体物理研究所、法国原子能委员会受控核聚变所等20多个科研机构建立了长期深入的合作关系；应邀参与ITPA国际联合实验，联合承担了7个中国科技部与美国能源部共同组织的中美聚变合作项目。十三五（2016）以来承办了国家基金委电工学科十三五规划暨学科发展战略研讨会、第二届中国粒子加速器会议、中国托卡马克物理东湖会议、"强磁场领域下的前沿科学研究"国际学术研讨会、中国电力教育大学院（校）长联席会、中国科学院技术科学部常委会和第六届IET可再生能源发电国际会议等多个国内外重要学术会议。

学院所属各单位

1. 电机及控制工程系

电机及控制工程系拥有雄厚的教学与科研力量，现有在岗教职工 31 名，其中包括教授 11 名、副教授 10 名、讲师 4 名和博士后 6 名，90% 以上教师具有博士学位。所属电机与电气二级学科在 1987 年、2002 年和 2006 年均获评教育部全国高校重点学科。1988 年，获批建设"新型电机国家专业实验室"。2006 年，"电机学"课程被评为国家精品课程。2007 年，批准立项建设"新型电机与特种电磁装备教育部工程研究中心"。2010 年，电机系列课程教学团队入选国家级教学团队。2013 年，获批建设"新型电机技术国家地方联合工程研究中心"。

本学科致力于培养电机及控制领域的博士后、博士和硕士等高层次人才，主要从事电机及其控制方向的应用基础研究工作，在电机理论、电磁场理论、新型电机拓扑等方向取得了大量具有国际影响力的研究成果。例如，谐波起动电机、变极调速电机系列成果和无刷双馈电机及其应用曾获多项国家级和省部级奖励；基于无感线圈的交流变极电机曾荣获国家发明金奖；电磁场理论研究和应用研究成果曾获 4 项教育部科技进步奖；电源技术与成套系统和主泵机组关键技术及应用获得国家科技进步奖；轻量化低脉动直驱永磁电机关键技术及应用获得 4 项省部级科技进步奖一等奖；磁场调制电机系统关键技术及应用方面的成果获得 2 项省部级科技进步奖一等奖。

2. 电力工程系

电力工程系创办于 1953 年，前身为电力系统及其自动化教研室，依托华中科技大学电力系统及其自动化二级学科（原发电厂电力网及电力系统专业）创建，面向电力行业培养高水平专业技术人才。现有专任教师 46 人，其中中国科学院院士 1 人，电气与电子工程师协会会士 2 人，长江学者特聘教授、杰出青年等 5

人，国家级四青人才 13 人，教授（研究员）31 人，副教授 9 人，在电力系统及其自动化专业方向具有雄厚的教学和科研实力。

电力工程系自创建以来，紧跟我国电力系统向大电网大机组和安全高效环保方向发展的进程，建成了国内高校中规模最大的电力系统动态模拟实验室，拥有电力安全与高效湖北省重点实验室，并连续多年被评为湖北省标杆实验室。近年来，电力工程系面向国家"双碳"战略目标，致力于在新能源电力系统稳定分析与控制、先进规模化储能技术两大方向开展深入研究，牵头承担了国家科技攻关计划、国家 973 计划、国家 863 计划、国家重点研发计划、国家自然科学基金集成项目和重点项目等 20 余项国家级重大项目与课题，近年来获得国家科技进步奖一等奖 1 项、二等奖 5 项，国家技术发明奖二等奖 1 项，并获多项国家级及省部级优秀教材奖和优秀教学成果奖。

3. 高电压工程系

高电压与绝缘技术是构建新型电力系统和新质工业发展的重要支撑学科。高电压工程系现有在岗人员 21 人，其中中国工程院院士 1 人，教授/研究员 11 人，副教授/高级工程师 5 人。承担完成国家重点研发计划、国家重大专项、国家自科基金重点项目、国家科技支撑计划、国家 973 计划等一系列国家级重要课题。成功研制世界首台 160 kV 和 535 kV 机械式高压直流断路器，应用于张北和南澳柔性直流输电工程。研制的高储能密度脉冲电容器和新型石墨电极强流脉冲开关技术指标处于国际领先水平，实现了百万焦耳级大容量脉冲功率电源系统的高能密、高可靠性集成，电源系统成功服役于激光聚变等国家重大科学工程装置。提出了超/特高压输电线路雷电先导三维发展模型，研制的输电线路雷击风险评估软件应用于多个省级电网。提出了高速滑动电接触一体化 C 型电枢设计方法并实现了千米每秒级无转捩发射，发明了基于等离子体通道调控的高效激波产生技术，研发出环保高效的油气增产装备。研制了具有超浸润性的超自洁、防积污、防凝露新型绝缘材料并在国家电网等电力运营单位推广应用。

近十年来，科研经费逾 2 亿元，获国家级科技奖 2 项、省部级奖 6 项。发表 SCI/EI 论文 300 余篇，授权发明专利 40 余项，出版专著多部，培养硕、博士研究生 370 余人。形成了大容量开关技术、脉冲功率技术及应用和电力系统过电压与雷电防护三个特色研究方向。

4. 应用电子工程系

应用电子工程系创办于 1959 年，前身为华中工学院船舶电气自动化教研室，1981 年开始招收电力传动及其自动化专业硕士研究生，是国务院批准的第一批硕士学位授予点，现具有电力电子与电气传动专业博士、硕士学位授予权并设有博士后流动站，2003 年被评为湖北省重点学科，2009 年获批"舰船电力电子与能量管理"教育部重点实验室，2016 年获批特色学科。应用电子工程系现有教师、实验人员、工程师等共 36 人，其中教授 21 名，副教授 8 名。

应用电子工程系主要从事电力电子与电力传动学科的教学和科研工作，每年招收电力电子与电力传动专业硕士和博士研究生共计 40 余名，对研究生的培养采用理论与实践结合、学研产相结合的教学模式，力求培养掌握电力电子理论、电能变换与控制技术的专业人才。应用电子工程系拥有建筑面积约 3500 平方米的教学科研场地，包括专门的电力电子装备生产车间和宽禁带半导体封装集成实验室；研究方向涵盖电力电子基础理论（拓扑、控制、电磁兼容、可靠性等）、行业应用（电力电子技术在电力系统、新能源、交通等领域的应用）和前沿探索（先进封装集成、微能量收集和电力电子智能化等）；获各类国家级、省部级人才和荣誉称号共计 15 人次；出版各类专著与教材 10 余部，获部级优秀教材奖 2 项；获得省部级、行业科技进步奖 10 余项，其中教育部科技进步奖一等奖 1 项，国家科技进步奖二等奖 1 项。

5. 电工理论与电磁新技术系

  1953 年华中工学院电力系成立了电工基础教研室，2007 年电工理论与新技术二级学科获评国家级重点学科，2014 年由原"电磁新技术系""电工理论与新技术系""电气测量工程系"三个系合并成立电工理论与电磁新技术系。目前共有教师 28 人，其中教授 15 人，副教授 8 人，讲师 4 人，工程师 1 人。

  本系的特色科研方向有先进电量传感技术、先进加速器技术、放电等离子体技术、超导装备与应用、脉冲功率技术等。拥有全国唯一 320 kA 匝高精度的直流大电流检测装置；研发有 16 个系列高抗扰微安量级电流精密传感技术与实用化仪器；独有干扰源特性自适应的传感 – 解调协同防护技术和 2 个系列智能防护组件；拥有 9 个系列数字标准器省域电力互感器智能运维装备；成功研制出国内首套直接冷却 35 kJ/7 kW 高温超导磁储能系统。获得国家科技进步奖二等奖 1 项，教育部科研优秀成果一等奖 1 项，湖北省自然科学奖一等奖 1 项。

  本系承担了全校大部分专业的电工基础课程教学任务，包括电路理论、电磁场与波、电路测试技术基础、信号与系统等。获得高等教育国家级教学成果二等奖、湖北省教学成果一等奖 2 项、湖北省教学成果二等奖 1 项、国家级"课程思政示范课程、教学名师和团队"称号，拥有"国家工科基础课程电工电子教学基地"和四支校级课程责任教授团队。

6. 聚变与等离子体研究所

  磁约束核聚变的目的是实现持续可控的核聚变能，从根本上解决人类能源需求问题。聚变能研发被国家列为"战略性前瞻性重大科学问题"，被美国工程院评为21世纪十四大科技挑战之一。聚变与等离子体研究所（以下简称聚变所）是电气与电子工程学院因应我国参与的最大国际合作项目——国际热核聚变实验堆（ITER）计划以及未来核聚变能研发的重大需求而成立的研究所，其宗旨是开展核聚变能源相关的基础研究和培养聚变能研发需要的复合型人才。聚变与等离子体研究所通过对ITER计划的参与，实现了电气、物理、材料、能源、机械、控制、计算机等学科的交叉和发展，促进了新型复合型人才的培养，提升了我校在未来尖端科技领域的影响力。

聚变所拥有由华中科技大学与美国德克萨斯大学奥斯汀分校共建的聚变实验装置J-TEXT。该装置是我国高校中唯一的大中型托卡马克装置，被纳入中国磁约束聚变发展路线图，也是磁约束聚变与等离子体国际合作联合实验室依托的主要研究平台。聚变所现有教师24人，技术人员15人，其中正高职称10人，副高职称11人。

目前聚变所在聚变工程技术、等离子体物理和核科学与技术等主要研究方向上开展了相关研究和人才培养，先后承担了国家磁约束核聚变能发展研究专项、国家重点研发计划、国家自然科学重大基金等在内的国家级重大研究项目40余项。

7. 应用电磁工程研究所

应用电磁工程研究所前身为樊明武院士所创建的"电磁理论与带电粒子研究中心"。目前共有专任教师15人，其中中国工程院院士1人，教授6人，副教授6人，讲师2人。研究所致力于电磁场与带电粒子动力学理论研究，面向复杂电磁装置中的关键技术问题，通过开展科学前沿研究和工业应用领域急需的带电粒子束电磁装备的研制，实现了电气、物理、生物医学、辐射化学等多学科的交叉融合。

近年来，电磁所在立德树人和科技创新的旗帜引领下，获得湖北省科技进步奖一等奖和技术发明奖一等奖各1项，日内瓦发明展特别金奖及金奖各1项，中国专利优秀奖2项，获批湖北省粒子加速器与应用工程技术研究中心，联合获批湖北省首批"2011计划"非动力核技术协同创新中心。研究所承担国家重点研发计划课题4项，国家自然科学基金项目超10项。获得国家教学成果二等奖1项，多位教师获得校教学质量一等奖、宝钢奖、卓越奖、教学竞赛奖等荣誉。

电磁所将坚持面向科学前沿、大健康领域及行业应用，加深学科交融，聚

附录　华中科技大学电气与电子工程学院简介

焦粒子束产生及应用，发挥研究特长，推动紧凑型自由电子激光太赫兹源、大功率离子源、质子治疗装备、材料辐照改性及应用等创新领域的发展。

8. 强磁场技术研究所

2014 年，根据学科发展需要，电气与电子工程学院与国家脉冲强磁场科学中心联合成立了"脉冲强磁场中心"，并于 2015 年更名为"强磁场技术研究所"。该研究所既是电气与电子工程学院的一个研究机构，也是国家脉冲强磁场科学中心的一部分，双方资源共享、合作共赢，推动电气学科发展。现有教师 19 人，其中教授 7 人、研究员 3 人、教授级高级工程师 1 人、副教授 4 人、高级工程师 2 人和讲师 2 人，包括国家杰青 1 人、长江学者 2 人、海外优青 2 人、国家优青 1 人及中组部青拔 1 人。

强磁场技术研究所主要开展强磁场技术及应用研究，主导建成了教育部高校首个"十一五"国家重大科技基础设施——脉冲强磁场实验装置，目前正在承建"十四五"国家重大科技基础设施——脉冲强磁场实验装置优化提升项目（二期工程），总投资 20.96 亿元，建设周期 5 年。同时，面向能源、制造、冶金、医疗、国防、前沿科学等领域的研究及应用需求，形成了一批富有特色的研究方向——多时空脉冲强磁场成形与加工、大型永磁装备整充退磁、超导磁体、磁控医疗机器人、大功率太赫兹波源、脉冲 NMR 等，并取得了实现 20MW 全球最大风力发电机转子整体充磁等在内的一大批优秀成果，荣获国家科技进步奖一等奖、湖北省科技进步奖特等奖与技术发明一等奖等奖项。

9. 电工实验教学示范中心

电气与电子工程学院实验教学示范中心是首批国家级电工电子实验教学示

范中心的电工分中心，现有实验技术人员 14 人，其中正高级工程师 1 人，高级工程师 4 人。中心负责承担电气与电子工程学院实践课程、课程实验教学任务，同时承担全校电类专业"电路测试技术基础"课程、非电类"电工学"课程实验的教学任务，近五年来平均每年为电气、水电、能源、材料、机械、计算机、自动化、光电等十多个学院近三百个班的学生开展实验教学，年教学人时数约 25 万人时。

近年来，中心积极践行学院"电气化 +"的学科交叉融合创新发展战略，深入推进实践教学改革和实验室建设，成绩斐然。中心深度参与学院面向"电气化 +"的电气工程实践教学体系及实践平台建设。中心以教学理论的学习与应用为工具，为未来而教，大刀阔斧推进实践课程的升级和改革。为提升学生与教师体验，服务新工科人才培养建设，中心围绕实践空间多元化、实践管理信息化、测试平台移动化、测试设备平台化、实验平台综合化开展实践教学平台建设，为创新创业教育提供"想创就能创"的开放化实验条件。

为激发人才潜能，提升教学质量，中心重新定位实验技术人员的职能，全力推动中心全员全面参与实践教育全过程，逐步形成了一支"懂"教育理论及方法，"会"实践课程设计、教学、研究，"能"指导学生创新的实践教学队伍。中心成员主持和参与了 28 项各级教学研究项目，获国家教学成果二等奖 2 项、中国电子学会教学成果一等奖 1 项，指导学生团队累计获国内外大学生学科竞赛奖 500 余项。在 2017—2022 年全校教学实验室年度考核中，中心均获一等奖。

中心将秉持创新发展理念，致力于创造和持续创造条件，确保电气学院每个学生都能够充分实践并发挥其潜力，确保中心每位工作人员都能全面参与实践教育全过程，培养学生基于电气工程及其自动化专业的实践思维习惯、行为习惯、道德习惯，探索并验证相应的实践教学特征。

（以上数据截止至 2024 年 10 月）